Ceux qui sont des fils dangereux

DAG HEWARD-MILLS

Parchment House

Copyright © 2011 Dag Heward-Mills

Titre original : *Fathers & Loyalty*
Publié pour la première fois en 2011 par Parchment House

Version française publiée pour la première fois en 2011
Deuxième impression en 2012 par Parchment House

ISBN : 978-9988-8501-9-7

Traduit par : Professional Translations, Inc.

Cette edition publiée par Parchment House en 2014
Troisième impression en 2016

Pour savoir plus sur Dag Heward-Mills
Campagne Jésus qui guérit

Écrivez à : evangelist@daghewardmills.org
Site web : www.daghewardmills.org
Facebook : Dag Heward-Mills
Twitter : @EvangelistDag

ISBN : 978-9988-8572-1-9

Table des matières

Chapitre 1

Comment identifier un père

Car, quand vous auriez dix mille maîtres en Christ, vous n'avez cependant PAS PLUSIEURS PERES, puisque c'est moi qui vous ai engendrés en Jésus Christ par l'Évangile.

1 Corinthiens 4 : 15

Le don de la « paternité » est un don rare. N'importe quel homme de Dieu n'est pas père. Tous ceux qui enseignent la Parole de Dieu ne sont pas forcément pères. Tous les prêcheurs et enseignants en visite n'étaient pas forcément pères.

Tout prophète n'est pas père, et Paul l'a indiqué aux Corinthiens.

Un père est un don rare

Beaucoup de gens auront une influence dans votre vie. Les maîtres et les enseignants abondent, mais ils sont différents des pères. L'influence d'un père est totale. Un père vous dispense bien plus qu'un enseignement, c'est une approche globale. Le but d'un enseignant est de délivrer une bonne leçon. Le but d'un prophète est de prêcher le pouvoir de Dieu grâce à des visions, des rêves, et des paroles de savoir. Le but d'un père, c'est votre bien-être total.

Parce que le rôle de père implique beaucoup plus de choses, il n'y a pas beaucoup de pères ! Il est plus simple d'enseigner un cours préparé à l'avance que de prodiguer une attention totale. Les gens peuvent se montrer si difficiles et si ingrats que seuls des pères peuvent les supporter à long terme.

Il y a de très nombreux pasteurs, évangélistes et prophètes, mais rares sont les prophètes paternels. C'est pourquoi Paul a dit : « Quand vous auriez dix mille maîtres en Christ, vous n'avez cependant pas plusieurs pères. »

La caractéristique essentielle d'un père n'est pas son âge, mais sa capacité à agir en fonction de sa propre nature. Contrairement à certaines opinions, de nombreux jeunes gens ont un cœur de père.Dans le monde physique, il est courant de devenir père lorsqu'on est jeune. La preuve de la paternité est dans les enfants qui sont engendrés par le père. Il faut être aimant, responsable et patient pour élever des enfants. Au bout du compte, les enfants attestent de votre paternité.

Si vous comparez les ministères d'Elie et d'Elisée, par exemple, vous verrez les différences entre un prophète paternel et un prophète non paternel. Ces différences sont claires quand vous étudiez leurs ministères. En comparant les ministères d'Elie et d'Elisée, vous pouvez rapidement remarquer les différences entre un homme qui a un cœur de père et un homme qui n'en a pas.

Elie et Elisée étaient tous deux d'excellents prophètes. Mais Elie possédait en plus le don de la paternité. C'est pourquoi il a eu un successeur. Elisée n'en a pas eu. Il a maudit Guéhazi qui était son héritier. Il a maudit Guéhazi quand il a commis une erreur financière. Le cœur d'un père ne maudit pas son unique enfant.

L'esprit de paternité est ce qui pousse un homme de Dieu à former des gens comme lui dans son ministère. Pour le dire simplement, le don de paternité est une manifestation de l'amour de Dieu. Il faut de l'amour pour élever des gens qui ne comprennent pas ce que l'on fait pour eux.

Il faut de l'amour pour élever des gens qui ne vous comprendront pas pendant de nombreuses années. À la vérité, Dieu envoie de nombreux enseignants qui prêchent dans nos vies. Ils enseigneront les leçons et les sujets qui forment la doctrine. Mais un père en fera encore plus. *En plus d'être un enseignant, il fera preuve de l'amour et de la patience nécessaires pour vous élever dans la volonté parfaite de Dieu.*

L'idéalisme d'un ministre de Dieu le fait rechercher la perfection en toutes choses. En général, les idéalistes et les perfectionnistes ne font pas de bons pères. Souvent, ils n'apprécient pas le fait que la grâce de Dieu agit lentement. Ils insistent sur la perfection en toutes choses, et ce n'est pas possible avec les êtres humains.

Vous pouvez accepter un homme de Dieu comme enseignant. Vous pouvez aussi l'accepter comme pasteur. Vous pouvez accepter un homme de Dieu comme prophète ou évangéliste. Il est également possible de l'accepter comme père.

Puissiez-vous trouver un père dans cette vie ! Puissiez-vous recevoir le pouvoir d'aimer et de devenir vous-même père !

Chapitre 2

Comment reconnaître et accepter différents pères à différents moments de sa vie

Dieu vous envoie différents pères à différents moments.

Car, quand vous auriez dix mille maîtres en Christ, vous n'avez cependant pas plusieurs pères, puisque c'est moi qui vous ai engendrés en Jésus Christ par l'Évangile.

1 Corinthiens 4 : 15

Dieu va vous envoyer différents pères. Le premier est votre père biologique, que vous devez accepter comme il se doit. Vous ne devez pas considérer votre père biologique comme un « ancien » qui n'est pas en phase avec les réalités de la vie moderne. Considérer votre père biologique comme quelqu'un de démodé vous empêche de recevoir sa grande sagesse.

Ce père biologique aura ses limites dans la paternité. Il devra bientôt être relayé et la prochaine personne envoyée par le Seigneur pour vous servir de père va entrer en scène. Durant son ministère, vous recevrez l'attention paternelle dont vous avez besoin pour passer à l'étape suivante de votre vie. Ensuite, une autre personne peut se présenter pour jouer un rôle de père. Une sorte de relais a lieu ! Le témoin de la paternité est transmis d'une personne à l'autre.

Il y a de nombreux sujets que votre père biologique n'aborde pas. Il devrait peut-être aborder tous les sujets, mais il ne le fait pas. Nombreux sont ceux dont les parents n'ont pas donné de conseils détaillés pour choisir une femme ou un mari. La plupart des parents biologiques ne font que commenter quelques détails du mariage.

Ils ne vont bien souvent qu'au-delà de ces quelques commentaires. Dieu soit loué pour les pasteurs qui assurent souvent ce rôle et guident les enfants dans le mariage. Les pasteurs jouent souvent le rôle du prochain père au cours de ce relais.

Un jour, ma fille m'a posé une question : « Papa, comment tombe-t-on enceinte ? »

J'étais stupéfait par cette question, mais je lui ai répondu : « C'est l'œuvre de Dieu. »

Mais elle a insisté : « Je sais que c'est l'œuvre de Dieu, mais comment cela se passe-t-il ? »

J'ai bredouillé une réponse et j'ai réussi à changer de sujet.

Plus tard, ma femme m'a dit : « Tu dois parler du sexe aux enfants. »

J'ai répondu : « Pourquoi moi ? Pourquoi pas toi ? »

Nous avons commencé à nous disputer et elle a dit : « C'est toi le chef de cette famille, c'est toi qui doit leur parler. »

Mais j'ai répondu : « Leur mère, c'est *toi*, c'est toujours toi qui leur parle, pourquoi ne leur parles-tu pas de ça aussi ? »

Elle a continué : « C'est ton devoir, tu dois jouer ton rôle ! »

Je n'étais pas d'accord. J'ai eu recours à mon autorité de chef de famille et je lui ai délégué la tâche de parler de ces choses aux enfants.

Nous avions atteint les limites de notre rôle de père et de mère. Nous souhaitions que Dieu envoie quelqu'un d'autre pour prêcher à nos enfants comme nous avions prêché aux enfants d'autres personnes. Nous priions que le prochain père du relais entre en scène et aide à guider nos enfants en sécurité.

Parmi les centaines de maîtres et d'enseignants, il est toujours important de reconnaître qui sont les pères. L'éventail des responsabilités d'un père dans votre vie est beaucoup plus large. Son influence dépasse ses paroles. Vous découvrirez que son ministère s'occupe complètement de vous. Son ministère a des effets multiples dans votre vie.

L'une des clés pour reconnaître un père est de reconnaître l'amour, l'attention et les conseils de notre Père Céleste qui vous sont transmis à travers lui.

Nombreux sont ceux qui pensent à tort que le verset dit que vous avez dix mille enseignants mais un seul père. La Bible dit que vous n'avez pas plusieurs pères. Il dit en d'autres termes que vous avez quelques pères.

Jésus a dit : « N'appelez pas père n'importe qui. »

Et n'appelez personne sur la terre votre père ; car un seul est votre Père, celui qui est dans les cieux.
Matthieu 23 : 9

C'est parce qu'aucun être humain ne peut vraiment être tout ce qu'un père est censé être. Aucun homme ne peut remplir complètement ce rôle et seul le Père Céleste donne vraiment l'exemple de ce qu'est un père.

N'avez-vous pas remarqué à quel point les pères biologiques rivalisent et se disputent avec leurs enfants ? Même les pères biologiques peuvent infliger beaucoup de mal et faire souffrir leurs enfants.

Nombreux sont ceux qui détestent leur père. Et nombreux sont ceux dont la vie est faussée par leur père. Assez de preuves démontrent que les pères biologiques sont pleins de défauts.

C'est la raison pour laquelle ce que j'appelle « le relais des pères » est nécessaire.

Le relais signifie que Dieu envoie une personne après l'autre pour différentes phases de votre vie et de votre ministère. Il est important de reconnaître ces différentes personnes lorsqu'elles apparaissent dans votre vie.

C'est ce que Jésus illustrait dans la parabole de Matthieu 21. Nous serons jugés d'après la manière dont nous avons accepté les différents pères que Dieu nous a envoyés.

Ecoutez une autre parabole : Il y avait un homme, maître de maison, qui planta une vigne. Il l'entoura d'une haie, y creusa un pressoir, et bâtit une tour ; puis il l'afferma à des vignerons, et quitta le pays. Lorsque le temps de la récolte fut arrivé, il ENVOYA SES SERVITEURS vers les vignerons, pour recevoir le produit de sa vigne.

Les vignerons, s'étant saisis de ses serviteurs, battirent l'un, tuèrent l'autre, et lapidèrent le troisième. Il ENVOYA ENCORE D'AUTRES SERVITEURS, en plus grand nombre que les premiers ; et les vignerons les traitèrent de la même manière.

Enfin, il envoya vers eux son fils, en disant : Ils auront du respect pour mon fils. Mais, quand les vignerons virent le fils, ils dirent entre eux : Voici l'héritier ; venez, tuons-le, et emparons-nous de son héritage.

Et ils se saisirent de lui, le jetèrent hors de la vigne, et le tuèrent.

Matthieu 21 : 33-39

Souvent, Dieu nous envoie des pères que nous ne reconnaissons pas. Certains se battent même avec leur père. Nous devons apprendre à accepter les pères que Dieu nous envoie.

Quelle est la différence entre accepter un père et accepter un maître ?

Accepter un maître implique d'accepter les leçons qu'il professe d'après la Parole. Accepter un père implique d'accepter qu'un ministère vivifiant vienne à vous.

Dans le monde physique, votre père biologique vous influence de bien des manières. Il vous apprend à manger, à vous habiller et à vivre. Il vous prodigue sa sagesse, ses conseils et des petites leçons de vie. Il vous sert d'exemple et vous inspire.

Comparez ceci à vos professeurs à l'école. Souvent, ces maîtres ne nous guident pas aussi totalement qu'un père. Quand vous rencontrez quelqu'un qui a une grande influence dans votre vie, vous avez sûrement affaire à un des pères que Dieu vous a envoyés.

Ne commettez pas l'erreur d'accepter un père comme un simple maître

Certains commettent l'erreur d'accepter leurs pères comme de simples enseignants. Ils font cela en ne prenant pas en compte tous les conseils de leur père. En n'acceptant qu'une partie des conseils de ces pères, nous réduisons souvent le rôle des pères à celui de simples maîtres. Dieu m'a choisi pour être le père de certaines personnes. Mais je me comporte en maître avec eux car c'est ce qu'ils veulent.

La parabole dans Matthieu 21 illustre clairement que Dieu nous jugera d'après la manière dont nous traitons les gens qu'Il nous envoie. Dieu m'a envoyé des pères.

Un jour, j'écoutais le message d'un homme de Dieu quand le Seigneur m'a parlé. Il a dit : « J'ai envoyé cet homme pour qu'il te serve de père. Je veux que tu l'acceptes en tant que père. » À partir de ce moment, j'ai considéré ces enregistrements d'une manière différente.

J'ai ouvert mon cœur pour accepter tous les aspects du ministère qui m'étaient proposés par ce moyen.

Soudain, les livres et les CD de cette personne ont revêtu un plus grand intérêt à mes yeux. Au départ, j'appréciais seulement certains de ses enseignements, mais à ce moment-là, je voulais tous les connaître. Je savais que grâce à cet homme, mon ministère prendrait une autre dimension.

C'est à ce moment que j'ai vraiment compris qu'on peut accepter quelqu'un comme un maître, mais qu'on pouvait dépasser ce stade et l'accepter comme un père.

Chapitre 3

Dix types de pères

1. Votre Père Céleste

> [...] Quand vous priez, dites : Père !
>
> Luc 11 : 2

Nous pensons pour la plupart que le Père Céleste est un Dieu en colère qui nous aurait tous réduits en cendres sans l'intervention du Christ. Nous avons souvent **l'impression qu'Il veut toujours nous réduire en cendres !**

Dieu déborde d'un amour indescriptible. Notre Père Céleste nous aime. En étudiant plus attentivement l'histoire du fils prodigue, on peut voir l'attitude du Père envers ses enfants pécheurs. Il nous aime. Même si nous péchons mille fois, Il nous aime toujours.

> **Et il se leva, et alla vers son père. Comme il était encore loin, son père le vit et fut ému de compassion, il courut se jeter à son cou et le baisa. Le fils lui dit : Mon père, j'ai péché contre le ciel et contre toi, je ne suis plus digne d'être appelé ton fils. Mais le père dit à ses serviteurs : Apportez vite la plus belle robe, et l'en revêtez ; mettez-lui un anneau au doigt et des souliers aux pieds. Amenez le veau gras et tuez-le. Mangeons et réjouissons-nous ; car mon fils que voici était mort et il est revenu à la vie ; il était perdu, et il est retrouvé. Et ils commencèrent à se réjouir.**
>
> **Luc 15 : 20-24**

2. Votre père en Christ

C'est la personne qui vous a conduit au Seigneur. C'est celui ou celle grâce à qui vous avez donné votre vie au Christ pour devenir un nouveau chrétien. Dieu nous envoie des gens qui nous font découvrir le Seigneur. Nous devons toujours les chérir et les honorer. C'est grâce à eux que nous irons un jour au Paradis.

3. Votre père spirituel

C'est la personne qui vous enseigne la spiritualité. Celui qui vous fait découvrir le Christ n'est pas forcément votre père spirituel. Votre père spirituel vous apprendra à vous détendre avec le Seigneur. Un père spirituel vous initiera aux modes de vie qui feront de vous un géant spirituel. Un père spirituel peut vous présenter d'autres amis chrétiens. Un père spirituel peut vous faire découvrir de bonnes églises et des associations. Un père spirituel peut prier pour que vous receviez le baptême du Saint-Esprit. Un père spirituel peut vous enseigner les bases de la Parole pour vous aider à défendre Christ.

4. Votre père dans le ministère

On confond souvent *les pères dans le ministère* avec *les pères en Christ* et les pères spirituels. On appelle souvent les pères dans le ministère des pères spirituels. Mais *un père en Christ* est très différent *d'un père dans le ministère* ou d'un père spirituel. Un père en Christ vous fait découvrir Jésus Christ et un père dans le ministère vous fait découvrir le travail du ministère.

Dieu m'a béni en m'envoyant de formidables hommes de Dieu grâce à qui ma vie a été complètement transformée. Je suis devenu pasteur par leur grâce paternelle. Récemment, le Seigneur m'a béni en m'envoyant un autre père pour me faire découvrir la phase suivante du ministère.

Un père dans le ministère est la personne qui vous fait découvrir le ministère du Seigneur. Grâce à lui, vous vous impliquez dans l'œuvre la plus importante au monde.

5. Votre père biologique

C'est le père dont vous êtes la semence. Cette personne est souvent la seule à être reconnue en tant que père. C'est une grossière erreur, car il n'est pas le seul qui vous sert de père. C'est pourquoi Jésus a dit : « N'appelez personne votre père ! » Il savait qu'aucune personne sur terre ne peut jouer seul le rôle de père.

Et n'appelez personne sur la terre votre père ; car un seul est votre Père, celui qui est dans les cieux.

Matthieu 23 : 9

Je prie toujours pour que Dieu envoie des pères à mes enfants pour les aider aux différentes étapes de leur vie.

Un jour, je priais pour un groupe de jeunes lors d'une cérémonie. Je priais pour eux de tout mon cœur. Une pensée m'a soudain frappé : « Est-ce que quelqu'un priera pour ma fille quand elle aura 21 ans ? »

J'ai prié pour que Dieu envoie des pères à mes enfants pour qu'ils soient bénis et guidés lors de différentes étapes de leur vie.

6. Votre père de substitution

Parfois, votre père biologique n'est pas disponible car il est mort, divorcé ou parce qu'il vous a simplement abandonné. Bien des gens grandissent dans des situations qui sont loin d'être idéales et Dieu envoie des gens pour jouer le rôle du père.

Un jour, j'étais accablé de chagrin devant le cadavre d'un de mes pasteurs. Je tenais sa femme qui tremblait. J'essayais désespérément de la consoler alors qu'elle contemplait le corps de son mari. Peu après, l'un des médecins du pavillon m'a parlé. Je n'oublierai jamais ce qu'il m'a dit.

Il m'a dit : « Ne vous inquiétez pas. Je sais que vous allez vous demander : ' Pourquoi est-il mort ? Pourquoi un homme si bon doit-il nous quitter ? ' »

Il a poursuivi : « Les gens diront : ' Dieu doit être en colère contre cette église pour qu'il fasse mourir un pasteur.' »

Il a continué : « Mais voyez-vous, la mort fait partie de la vie. Nous ne comprenons pas toujours les desseins de Dieu. »

Puis il a dit une chose qui m'a surprise : « Mon père est mort à l'âge de 25 ans alors que j'étais dans le ventre de ma mère. »

Il dit : « Ça a dû être vraiment triste pour ma mère. Je n'ai pas connu mon père. »

Il a poursuivi : « Je ne serais peut-être pas devenu un chirurgien réputé dans le monde entier si mon père biologique n'était pas mort. »

Cet homme était devenu un chirurgien de renom, respecté dans tout le pays. Il avait réussi à accomplir cela sans l'aide d'un père biologique, mais grâce à celle d'un père « de substitution ».

Un père de substitution est quelqu'un qui joue le rôle du père quand le vrai père n'est pas là. Parfois, les pères de substitution valent même mieux que les pères biologiques. Nous pouvons en tirer deux leçons :

Ne craignez pas la mort. Dieu s'occupera de vos enfants. Il enverra des pères de substitution qui seront peut-être de meilleurs pères que vous.

Si vous avez la chance de pouvoir adopter ou de vous occuper de l'enfant de quelqu'un d'autre, ne vous retenez pas. Vous pouvez être le père de substitution que Dieu a choisi pour s'occuper d'un enfant sans père.

7. Votre beau-père

Moïse faisait paître le troupeau de Jéthro, son beau-père, sacrificateur de Madian ; et il mena le troupeau derrière le désert, et vint à la montagne de Dieu, à Horeb.

Exode 3 : 1

Votre beau-père est un autre père important. Moïse a été béni en la personne de son beau-père. Il a reçu des conseils importants de la part de son beau-père.

Mon beau-père a été une véritable bénédiction pour moi. Il m'a permis de m'affranchir de mes dettes et de bâtir quelque chose Dieu s'est servi de mon beau-père pour me bénir. J'ai souvent fait remarquer à ma femme à quel point j'étais béni d'avoir un tel père.

8. Le père d'une Église

Le père d'une église est le fondateur d'une église. C'est le père dans le sens où il a donné naissance à l'église. Au travers de son ministère, l'église est née. Comme l'a dit Paul aux Corinthiens : « Je vous ai engendrés (donné naissance) en Jésus Christ par l'évangile. »

Car, quand vous auriez dix mille maîtres en Christ, vous n'avez cependant pas plusieurs pères, puisque c'est moi qui vous ai engendrés en Jésus Christ par l'évangile.

1 Corinthiens 4 : 15

9. Le père d'un mouvement

Reconnaissez donc que ce sont ceux qui ont la foi qui sont fils d'Abraham.

Galates 3 : 7

Il y a aussi les pères de mouvements. Par exemple, Abraham est considéré comme le père de la foi. Ce sont ces gens qui donnent naissance à des générations.

Kenneth Hagin est considéré comme le père du mouvement moderne Parole de Foi.

John Wesley est le père du mouvement de l'Eglise Méthodiste.

Les pères sont spéciaux. Les fils peuvent accomplir des œuvres plus grandes que celles des pères, mais ils ne sont pas considérés comme des pères. Par exemple, de nos jours, dans le ministère, il y a des guérisseurs et des pasteurs exceptionnels, mais les pères apparaissent toujours comme des pères.

Les œuvres d'Elisée ont été bien plus importantes que celles d'Elie. Les miracles d'Elisée étaient souvent deux fois plus puissants et deux fois plus nombreux que ceux d'Elie.

Josué est arrivé en Terre Promise. Il a conquis la terre que Moïse n'a pas réussi à atteindre. Il a réalisé le rêve de Moïse en démontrant toute sa puissance. Mais ni Elisée ni Josué n'ont eu de successeur. Ils étaient des pasteurs exceptionnels, mais pas des pères.

Sur le mont de la transfiguration, ni Elisée ni Josué n'étaient présents avec Jésus. Les pères étaient ceux qui étaient apparus dans la vision.

N'oubliez jamais que les pères sont spéciaux pour le Seigneur. Les jeunes gens ne doivent pas être dupés par ce qu'ils ont accompli. Ne pensez pas être meilleur que votre père ! Les fils et les filles ne font qu'avancer à partir des progrès effectués par les pères.

10. Votre père dans le péché

Un père dans le péché est celui qui vous fait découvrir une vie de péché.

Certains d'entre nous n'auraient jamais connu la fange du péché si on ne nous avait pas pris par la main pour nous mener sur le chemin du mal.

Certains d'entre nous n'auraient jamais connu la fornication si nous n'avions pas été entrainés dans le péché du sexe.

Chapitre 4

Sept raisons pour lesquelles les problèmes sont transmis de père en fils

Soyez prudent lorsque vous critiquez votre père, car les démons que votre père a affrontés, vous aurez à les affronter un jour. Ils attendent simplement que vous atteigniez l'âge adulte. Que cela vous plaise ou non, un jour vous devrez combattre « le démon de papa ».

Un homme de Dieu me dit une fois : « On veut me mettre à la retraite ! On veut que je perde la situation que j'occupe dans ce pays, parce qu'on pense que j'ai trop de problèmes. »

Il dit une chose que je ne suis pas près d'oublier : « Quand je serai parti, le 'problème' que je combattais, ils devront le combattre eux-aussi. »

Ceci est un principe éternel et il est sage de mûrir et de le comprendre rapidement. De nombreux fils ont dû faire amende honorable lorsqu'ils ont suivi les traces de leur père et commis exactement les mêmes erreurs. Remarquez que c'est ce qui est arrivé à Abraham, Isaac, Jacob, David et Salomon.

Un fils qui critique son père hérite généralement des mêmes problèmes *et* démons que celui-ci. Lorsque vous dénigrez quelqu'un, vous devenez vulnérable aux problèmes de cette personne, et cela pour plusieurs raisons.

Sept raisons expliquant comment les problèmes peuvent être transmis de père en fils

1. Les problèmes se transmettent des pères aux fils qui complotent et qui critiquent.

Comploter et critiquer, c'est un péché et les péchés ouvrent la porte aux esprits maléfiques. Les esprits maléfiques opèrent dans les ténèbres du péché. Certains fils critiquent leur père et le paient au prix fort.

Lorsque Miriam critiqua Moïse, l'esprit maléfique lui infligea une maladie incurable.

Lorsque les Israélites se plaignirent de Moïse, un esprit maléfique de mort et de destruction s'abattit sur eux. Aucun d'entre eux n'atteignit la Terre promise.

De la même manière, un esprit de régression, d'affliction, d'infériorité et de médiocrité frappa Ham lorsqu'il méprisa son père. Noé fut accablé et mortifié quand fut révélée la médiocrité de son corps nu. Toutefois, ce sont Ham et ses descendants qui sont déshonorés et humiliés par la médiocrité de leur vie.

Et MIRIAM ET AARON PARLÈRENT CONTRE MOÏSE à cause de la femme éthiopienne avec laquelle il était marié ; car il était marié à une femme éthiopienne.

Et ils dirent : Le SEIGNEUR n'a-t-il parlé que par Moïse seulement ? N'a-t-il pas parlé aussi par nous ? Et le SEIGNEUR l'entendit.

(Or, cet homme, Moïse, était très docile, plus que tous les hommes qui étaient sur la surface de la terre).

Et le SEIGNEUR dit soudainement à Moïse, à Aaron et à Miriam : Sortez, vous trois, vers le tabernacle de la congrégation. Et tous trois sortirent.

Et le SEIGNEUR descendit dans la colonne de nuage, et se tint à l'entrée du tabernacle ; et il appela Aaron et Miriam ; et ils s'avancèrent tous deux.

Et il dit : Écoutez bien mes paroles. S'il y a un prophète parmi vous, moi, le SEIGNEUR, je me ferai connaître à lui en vision, et je lui parlerai en rêve.

Il n'en est pas ainsi de mon serviteur Moïse, qui est fidèle dans toute ma maison ;

Je parlerai avec lui bouche à bouche et même en apparence, et non en énigmes et il contemplera la ressemblance du SEIGNEUR. Pourquoi donc n'avez-vous pas craint de parler contre mon serviteur, contre Moïse ?

Ainsi le courroux du SEIGNEUR s'embrasa contre eux ; et il s'en alla. Et le nuage se retira de dessus le tabernacle ; et voici, MIRIAM DEVINT lépreuse, BLANCHE comme neige ; et Aaron regarda vers Miriam, et voici, elle était lépreuse.

Nombres 12 : 1-10 (BKJF)

2. Les problèmes se transmettent des pères aux fils lorsque ces derniers se moquent de leur père et qu'ils s'attirent une malédiction.

Si vous méprisez votre père, une malédiction biblique s'abattra sur vous et les oiseaux viendront crever les yeux des enfants.

Certains se moquent de leur père. Même si vous ne faites que vous montrer dédaigneux envers votre père, une malédiction vous frappera. Un fils qui méprise son père doit s'attendre à subir certaines malédictions au cours de sa vie. Un fils peut hériter de malédictions qui ne feront qu'aggraver les problèmes que subit son père et bien plus encore. La vie des enfants qui méprisent leur père sera tout simplement maudite.

L'œil qui se moque de *son père* et qui méprise l'obéissance envers *sa mère*, les corbeaux de la vallée le déchireront et les petits de l'aigle le dévoreront.

Proverbes 30 : 17 (BKJF)

3. Les problèmes se transmettent des pères aux fils qui méprisent les conseils de leur père. Vous êtes un insensé si vous méprisez les conseils de votre père.

Certains méprisent les conseils de leur père : ce sont des insensés. Et la vie inflige de nombreux coups douloureux aux insensés.

Lisez-le par vous-même : « L'insensé méprise l'instruction de son père, mais celui qui a égard à la réprimande est prudent. » (Proverbes 15 : 5) « [...] un homme insensé méprise sa mère » (Proverbes 15 : 20). Si vous devenez un insensé, vous recevrez au cours de votre vie davantage de coups, que vous n'en auriez eu si vous n'aviez pas méprisé votre père. La plupart des épreuves difficiles que vous traversez au cours de votre vie sont des coups que vous recevez parce que vous avez méprisé votre père et votre mère. Vous constaterez également que votre père a lui-même subi la plupart de ces coups en son temps.

Les lèvres de l'insensé introduisent la contestation, et SA BOUCHE APPELLE LES COUPS.

Proverbes 18 : 6 (BKJF)

4. Les problèmes se transmettent des pères aux fils à cause de la fierté de ces derniers.

C'est seulement quand vous vous sentez l'égal d'une personne que vous la critiquez. Une personne humble ne profère pas de paroles enflées d'orgueil. Quand un fils commence à se disputer avec son père, il montre qu'il est devenu orgueilleux. C'est seulement par orgueil qu'on excite des querelles (Proverbes 13 : 10).

L'orgueil précède la chute. L'orgueil précède la chute du fils. Les erreurs d'un père déclenchent l'esprit critique des enfants orgueilleux.

Ils parlent avec fougue et colère de la personne qui les a conçus et élevés. Ils critiquent ce qu'ils ne comprennent pas et cet orgueil ouvre la porte à leur anéantissement.

L'arrogance *précède* la ruine et l'orgueil précède la chute.

Proverbes 16 : 18

5. Les problèmes se transmettent des pères aux fils à cause de l'aveuglement de ces derniers.

Quand vous êtes aveugle, vous ne pouvez rien voir de bon en votre père. L'aveuglement est une affliction qui frappe les gens critiques. Des fils qui deviennent aveugles en méprisant et déshonorant leur père. L'aveuglement d'un fils est causé par son manque de respect. Il frappe ceux qui ignorent négligemment l'importance de leur père. En dénigrant l'importance de leur père, ils sont incapables de percevoir sa sagesse, de profiter de son expérience ou de comprendre pourquoi il a commis certaines erreurs. Ils ne voient pas, ne comprennent pas les épreuves et difficultés qu'il a subies. Ainsi, ils se condamnent à suivre exactement le même chemin.

> **L'œil qui se moque de *son père* et qui méprise l'obéissance envers *sa mère*, les corbeaux de la vallée le déchireront et les petits de l'aigle le dévoreront.**
>
> **Proverbes 30 : 17**

6. Les problèmes se transmettent des pères aux fils parce ces derniers ne prennent pas les paroles de leur père au sérieux.

Lorsque vous méprisez et déshonorez votre père, vous ne prenez pas ses paroles au sérieux. Dans la Bible, il s'agit d'un « cœur qui ne retient pas ses paroles ». Vous ne prêtez pas attention à ce qu'il dit, et même quand il essaie de vous expliquer la raison de certains problèmes, vous ne le prenez pas au sérieux. Remarquez la manière dont Salomon a poussé son fils à prêter attention à ce qu'il disait.

> **Car j'étais un fils tendre pour mon père et le seul bien-aimé aux yeux de ma mère.**
>
> **Il m'enseignait aussi et me disait : « QUE TON CŒUR RETIENNE MES PAROLES ; garde mes commandements et tu vivras.**
>
> **Acquiers la sagesse, acquiers l'intelligence ; ne l'oublie pas et ne te détourne pas non plus des paroles de ma bouche.**
>
> **Ne l'abandonne pas et elle te conservera ; aime-la et elle te gardera.**
>
> **La sagesse est la chose principale ; c'est pourquoi acquiers la sagesse et, avec toutes tes acquisitions, acquiers l'intelligence.**
>
> **Exalte-la, et elle t'élèvera ; elle t'apportera l'honneur quand tu l'auras étreinte.**
>
> **Elle mettra sur ta tête une parure de grâce, elle te donnera une couronne de gloire.**

> Ô mon fils, entends et reçois mes propos et les années de ta vie te seront nombreuses.
>
> Proverbes 4 : 3-10 (BKJF)

7. **Les problèmes se transmettent des pères aux fils qui ne valorisent pas et n'honorent pas les grands hommes dont ils ont la chance d'être le fils.**

La désolation frappera ceux qui ne reconnaissent pas la valeur des grands hommes que sont leur père. Elle s'abattra sur ceux qui n'apprécient pas les qualités des hommes qui leur sont envoyés. Certains sont les fils de grands hommes, mais ils ne s'en rendent pas compte. Au lieu d'honorer leur père, ils le tuent. C'est exactement ce qui est arrivé à Jésus.

> **Ô Jérusalem, Jérusalem, qui tues les prophètes et lapides ceux qui te sont envoyés, combien de fois ai-je voulu rassembler tes enfants, comme une poule rassemble sa couvée sous ses ailes et vous ne l'avez pas voulu !**
>
> **Voici, VOTRE MAISON VOUS EST LAISSÉE DÉSERTE et en vérité je vous dis, vous ne me verrez plus jusqu'au moment où vous direz : béni est celui qui vient au nom du Seigneur.**
>
> **Luc 13 : 34-35**

Chapitre 5

Des fils ayant hérité de problèmes

Lorsqu'on étudie la vie de différents pères et fils, un troublant schéma de répétition émerge. C'est à se demander pourquoi les fils sont en proie exactement aux mêmes problèmes que leur père. Si l'histoire nous enseigne quelque chose, c'est que personne n'en tire les leçons ! Malheureusement, de nombreux fils ignorent les leçons qui ont été enseignées à leur père, et ne se sentent pas du tout concernés par les problèmes de ces derniers. Des conseils leur sont donnés, mais ils ne les écoutent pas. De nombreux fils ne prêtent tout simplement pas attention aux enseignements que leur inculque leur père.

La conséquence de cette attitude désinvolte, c'est la répétition des calamités et des catastrophes qui s'abattent sur les pères et leurs fils. La Bible nous montre comment Abraham répudia sa femme. Il dit au roi Abimelech de Gerar qu'elle était sa sœur et il la répudia. Des années plus tard, son fils Isaac fit exactement la même chose.

Le roi David connut de gros problèmes dans sa vie et son ministère parce qu'il avait couché avec l'épouse d'un autre. Ses fils ont gâché leur vie en commettant exactement les mêmes erreurs. Amnon en voulait peut-être à son père David d'avoir eu une liaison avec Bethsabée, mais par la suite, il viola Tamar, sa propre sœur.

Absalom en voulait peut-être à son père David d'avoir couché avec Bethsabée. Il en voulait peut-être à son père David de ne pas avoir puni Amnon pour le viol de Tamar. Il se peut que les erreurs de David dans ce domaine aient provoqué la rébellion d'Absalom. Mais Absalom lui-même coucha finalement avec toutes les femmes de son père.

Les relations de Salomon avec les femmes gâchèrent également sa vie. On aurait pu croire que Salomon avait tiré une leçon des erreurs de son père et c'était peut-être le cas. Ou peut-être avait-il décidé qu'il épouserait toutes les femmes qui lui plaisaient. Il avait finalement épousé plus de mille femmes. Les problèmes de Salomon devinrent d'autant plus graves qu'ils l'éloignèrent de Dieu, parce que malheureusement il adorait les idoles. Que Dieu délivre les fils frappés d'aveuglement, qui tombent en proie aux mêmes difficultés que leur père.

1. ABRAHAM ET SON FILS ISAAC

Comment Abraham répudia sa femme

Et Abraham partit de là vers le Sud du pays, et il demeura entre Kadesh et Shur, et il séjourna à Gerar.

Et Abraham dit de Sarah sa femme: ELLE EST ma sœur et Abimelech, roi de Gerar, envoya et prit Sarah. Mais Dieu vint vers Abimelech, en un songe, pendant la nuit, et lui dit : Voici, tu es mort à cause de la femme que tu as prise ; car elle a un mari.

Or Abimelech ne s'était pas approché d'elle ; et il dit : Seigneur, feras-tu périr même une nation droite ?

Ne m'a-t-il pas dit : ELLE EST MA SŒUR ? Et elle, même elle a dit : Il est mon frère ; j'ai fait cela dans l'intégrité de mon cœur, et dans l'innocence de mes mains.

Et Dieu lui dit en un rêve : Oui, je sais que tu as fait cela dans l'intégrité de ton cœur ; car je t'ai aussi retenu de pécher contre moi ; c'est pourquoi je n'ai pas permis que tu la touches.

Mais maintenant rends la femme de cet homme, car il est prophète ; et il priera pour toi, et tu vivras ; et si tu ne la rends pas, sache que tu mourras certainement, toi et tout ce qui est à toi.

Genèse 20 : 1-7 (BKJF)

Comment Isaac répudia sa femme

Il y eut une famine dans le pays, outre la première famine qui eut lieu du temps d'Abraham ; et Isaac alla vers Abimelech, roi des Philistins, à Gerar.

L'ÉTERNEL lui apparut et dit : Ne descends pas en Égypte, demeure dans le pays que je te dirai.

Séjourne dans ce pays-ci : je serai avec toi, et je te bénirai, car je donnerai toutes ces contrées à toi et à ta postérité, et je tiendrai le serment que j'ai fait à Abraham, ton père.

Je multiplierai ta postérité comme les étoiles du ciel ; je donnerai à ta postérité toutes ces contrées ; et toutes les nations de la terre seront bénies en ta postérité, parce qu'Abraham a obéi à ma voix et qu'il a observé mes ordres, mes commandements, mes statuts et mes lois. Et Isaac demeura à Gerar.

Et les hommes du lieu s'informèrent de sa femme, il dit : C'est ma sœur ; car il craignait de dire C'est ma femme ; de peur, disait-il, que les hommes du lieu ne me tuent à cause de Rebekah ; car elle était belle à voir.

Et il arriva, après y être resté assez long temps, qu'Abimelech, roi des Philistins, regarda par la fenêtre, et il vit, et voici, Isaac était en train de s'amuser avec Rebekah sa femme.

Et Abimelech appela Isaac, et lui dit : Voici, assurément, c'est ta femme ; et comment as-tu dit : C'est ma sœur ? Et Isaac lui dit : Parce que j'ai dit : De peur que je ne meure à cause d'elle.

Et Abimelech dit : Qu'est-ce que tu nous as fait ? Peu s'en est fallu que quelqu'un du peuple n'ait abusé de ta femme, et que tu ne nous aies rendus coupables.

Et Abimelech ordonna à tout le peuple, disant : Celui qui touchera à cet homme ou à sa femme, sera mis à mort.

Genèse 26 : 1-11

2. DAVID ET SES FILS AMNON, ABSALOM ET SALOMON

Les problèmes de David avec les femmes

Un soir, David se leva de sa couche ; et, comme il se promenait sur le toit de la maison royale, il aperçut de là une femme qui se baignait, et qui était très belle de figure. Et David envoya des gens pour la chercher. Elle vint vers lui, et il coucha avec elle. Après s'être purifiée de sa souillure, elle retourna dans sa maison.

2 Samuel 11 : 2,4

Les problèmes d'Amnon avec les femmes

Et il arriva, après cela qu'Absalom, le fils de David, avait une sœur belle, dont le nom *était* Tamar ; et Amnon le fils de David, l'aima.

Et Amnon était si tourmenté jusqu'à en tomber malade, à cause de sa sœur, Tamar ; car elle était vierge et il semblait trop difficile à Amnon de lui faire quoi que ce soit.

Mais Amnon avait un ami, dont le nom était Jonadab, le fils de Shimeah, frère de David ; et Jonadab *était* un homme très sournois. Et il lui dit : Pourquoi, toi, *étant* fils du roi, dépéris-tu ainsi de jour en jour ? Ne me le déclareras-tu pas ? Et Amnon lui dit : J'aime Tamar, la sœur de mon frère Absalom.

Et Jonadab lui dit : Couche-toi sur ton lit et fais le malade ; et quand ton père viendra te voir, tu lui diras, Je te prie, que ma sœur Tamar vienne, et qu'elle me donne à manger, qu'elle prépare un mets devant moi afin que je *le* voie, et que je *le* mange de sa main. Amnon se coucha donc et fit le malade ; et quand le roi vint le voir, Amnon dit au roi : Je te prie, que ma sœur Tamar vienne et me fasse deux gâteaux devant moi, afin que je puisse manger de sa main. Et David envoya vers Tamar à la maison, disant : Va dans la maison de ton frère, Amnon, et prépare-lui un mets.

Et Tamar alla dans la maison de son frère Amnon, et il était couché. Et elle prit de la pâte, et la pétrit, et en fit devant lui des gâteaux, et fit cuire les gâteaux. Et elle prit la poêle et *les* versa devant lui ; mais il refusa de manger. Et Amnon dit : Retirez tout homme d'auprès de moi. Et chaque homme se retira d'auprès de lui.

Et Amnon dit à Tamar : Apporte le mets dans la chambre, afin que je puisse manger de ta main. Et Tamar prit les gâteaux qu'elle avait faits, et *les* apporta à Amnon, son frère, dans la chambre. Et quand elle *les* lui apporta à manger, il la saisit et lui dit : Viens, couche avec moi, ma sœur. Et elle lui répondit : Non, mon frère, ne me force pas, car on ne fait pas ainsi en Israël ; ne fais pas cette folie. Et moi, où ferais-je aller ma honte ? Et quant à toi, tu serais comme l'un des insensés en Israël. Maintenant donc je te prie, parle au roi, car il ne me refusera pas à toi.

Néanmoins il ne voulut pas écouter sa voix, mais étant plus fort qu'elle, il la viola et coucha avec elle. Puis Amnon la haït énormément, en sorte que la haine dont il la haïssait était plus grande que l'amour dont il l'avait aimée. Et Amnon lui dit : Lève-toi, va-t-en.

2 Samuel 13 : 1-15 (BKJF)

Les problèmes d'Absalom avec les femmes

Alors Absalom dit à Achitophel : Tenez conseil ensemble. Que dois-je faire ?

Achitophel lui répondit : Va vers les épouses de second rang de ton père qu'il a laissées pour garder le palais, couche avec elles, et tout Israël saura que tu as outragé ton père. Ainsi le courage de tous tes partisans en sera affermi.

On dressa donc une tente sur le toit en terrasse du palais et Absalom y alla coucher avec les épouses de second rang de son père sous les yeux de tout Israël.

En ce temps-là, les conseils d'Achitophel avaient autant d'autorité, pour David comme pour Absalom, qu'une parole de Dieu lui-même.

2 Samuel 16 : 20-23 (BKJF)

Les problèmes de Salomon avec les femmes

Mais le roi SALOMON AIMA BEAUCOUP DE FEMMES ÉTRANGÈRES, outre la fille de Pharaon des

Moabites, des Ammonites, des Edomites, des Sidoniennes et des Hittites,

D'entre les nations dont le SEIGNEUR avait dit aux enfants d'Israël : Vous n'irez pas vers elles, et elles ne viendront pas vers vous ; car certainement elles détourneraient votre cœur pour suivre leurs dieux. Salomon s'attacha à elles par amour.

Et Il eut sept cents femmes princesses et trois cents concubines ; ET SES FEMMES DETOURNÈRENT SON CŒUR.

1 Rois 11 : 1-3 (BKJF)

3. ABRAHAM, SON FILS ISAAC ET SON PETIT-FILS JACOB

Comment Abraham chassa son fils aîné

Et Abraham se leva de bon matin, prit du pain et une bouteille d'eau, et les donna à Agar, les mettant sur son épaule ; et lui donna l'enfant et la renvoya. Et elle s'en alla et erra dans le désert de Beersheba.

Genèse 21 : 14 (BKJF)

Comment Isaac chassa son fils aîné

Et il arriva, qu'aussitôt QU'ISAAC EÛT ACHEVÉ DE BÉNIR JACOB et que Jacob était à peine sorti de devant Isaac, son père, qu'Esaü, son frère, revint de sa chasse. Et il prépara, lui aussi, un mets savoureux et l'apporta à son père, et il lui dit : Que mon père se lève et mange de la venaison de son fils, afin que ton âme me bénisse.

Et Isaac, son père, lui dit : Qui *es-tu* ? Et il dit : Je *suis* ton fils, ton premier-né, Esaü. Et Isaac fut saisi d'un extrêmement grand tremblement ; et dit : Qui ? Où *est* celui qui a pris de la venaison, et me *l'a* apportée et j'ai mangé de tout, avant que tu ne viennes, et je l'ai béni ? Oui *et* il sera béni.

Et lorsque Esaü entendit les paroles de son père, il s'écria d'un cri grand et extrêmement amer ; et il dit à son père : Bénis-moi, *même* moi aussi, ô mon père.

Et il dit : Ton frère est venu subrepticement et a pris ta bénédiction.

Et il dit : N'est-il pas appelé justement Jacob ? Car il m'a supplanté ces deux fois : Il a pris mon droit d'aînesse, et voici, maintenant il a pris ma bénédiction. Et il dit : N'as-tu pas réservé une bénédiction pour moi ?

Et Isaac répondit et dit à Esaü : Voici, je l'ai établi ton seigneur et je lui ai donné tous ses frères pour serviteurs ; et je l'ai pourvu de grain et de vin ; et que ferais-je donc pour toi, mon fils ?

Genèse 27 : 30-37 (BKJF)

Comment Jacob chassa son fils aîné

Jacob convoqua ses fils et leur dit : Réunissez-vous et je vous révélerai ce qui vous arrivera dans les temps à venir. Rassemblez-vous et écoutez, fils de Jacob ! Écoutez ce que dit Israël, votre père.

Ruben, tu es mon premier-né, le premier fruit de ma vigueur, du temps où j'étais plein de force, toi, tu es supérieur en dignité et supérieur en force. Bouillonnant comme l'eau, tu n'auras pas le premier rang ! Car tu as profané la couche de ton père, en entrant dans mon lit.

Genèse 49 : 1-4

Chapitre 6

Sept signes d'un vrai fils

Un jour, un couple est venu me demander conseil. La dame m'a dit : « Monsieur l'évêque, je suis votre fille. » Mais je l'ai corrigée en disant : « Vous n'êtes pas ma fille, vous êtes juste un membre de l'église. »

Elle a paru blessée, mais j'ai poursuivi : « Vous êtes toujours souriante, vous nous encouragez toujours, mais ça ne fait pas de vous ma fille. Vous êtes une P.T.G., mais vous n'êtes pas une fille. »

Les membres de l'église se divisent en cinq types : les personnes très gentilles (P.T.G.), les personnes très encourageantes (P.T.E.), les personnes très importantes (P.T.I.), les personnes très considérables (P.T.C.) et les personnes très dangereuses (P.T.D.).

J'ai continué de lui expliquer.

Je lui ai demandé : « quand vous voyez mes enfants courir dans l'église, comment savez-vous qu'il s'agit de mes enfants ? » Elle n'a pas répondu, alors je l'ai fait pour elle : « Ils me ressemblent. Ne voyez-vous pas que mes enfants me ressemblent ? »

Elle a acquiescé.

Puis je lui ai demandé : « En quoi sommes-nous similaires, vous et moi ? Vous ne vous impliquez pas dans les œuvres du ministère. Vous n'êtes pas un berger, vous ne faites rien pour aider et vous ne faites rien dans l'église. Vous êtes une personne très gentille, mais pas une fille ! »

Elle a fini par comprendre où je voulais en venir. La présence et la gentillesse ne font pas de vous un fils ou une fille. Ce jour-là, de nombreux enfants jouaient après la messe, mais seulement deux d'entre eux étaient mes fils. Être présent ne fait pas de vous un fils. Qu'est-ce qui fait de vous un fils ?

Seules certaines choses font de vous un fils ou une fille et c'est ce que je veux aborder dans ce chapitre.

Sept signes de fils ou de filles

1. **UN FILS OU UNE FILLE RESSEMBLENT À LEUR PÈRE.**

   Jésus lui dit : Il y a si longtemps que je suis avec vous, et tu ne m'as pas connu, Philippe ! CELUI QUI M'A VU À VU LE PÈRE [...]

   Jean 14 : 9

Quand vous verrez mes fils et mes filles dans le ministère, vous vous rendrez compte qu'ils me ressemblent. Les similarités entre père et fils sont des signes qui ne trompent pas pour dévoiler le lien entre un père et son fils.

Dans le monde physique, mes enfants me ressemblent, ils sont de la même couleur que moi. Dans le monde spirituel et dans le ministère, il existe de nombreuses ressemblances entre mes fils dans le Seigneur et moi. Jésus a dit : « Celui qui m'a vu a vu le Père. »

Si je n'ai pas à prêcher dans toutes les églises, c'est que le ministère de mes fils et de mes filles est excellent. Si vous avez vu le fils, alors vous avez vu le père.

Un fils n'est pas un clone ou une photocopie du père. Mais il possède des traits importants et essentiels hérités du père. Chaque fils possède les gènes, le groupe sanguin et l'ADN de son père. Certains fils ont tant en commun avec leur père qu'ils lui ressemblent énormément. À l'opposé, certains fils ressemblent très peu à leur père, même s'ils sont leurs vrais fils.

2. **UN FILS OU UNE FILLE EST ÉTERNEL.**

   Or, l'esclave ne demeure pas toujours dans la maison ; le fils y demeure toujours.

   Jean 8 : 35

Les vrais fils et les vraies filles auront toujours leur place dans la maison. Quoi que fasse votre enfant naturel, il aura toujours sa place dans la maison. Ses croyances peuvent être différentes, mais sa place est dans la maison.

Dans son cœur, il sait où est sa place, il sait qui l'a élevé et a fait de lui ce qui il est. Un vrai fils s'opposera rarement à son père.

> **Ils sont sortis du milieu de nous, mais ils n'étaient pas des nôtres ; car s'ils eussent été des nôtres, ils seraient demeurés avec nous, mais cela est arrivé afin qu'il fût manifeste que tous ne sont pas des nôtres.**
>
> **1 Jean 2 : 19**

3. LES FILS ET LES FILLES ONT CONFIANCE EN LEUR PÈRE EN TOUTES CHOSES.

> **[...] Notre Père qui est aux cieux ! Que ton nom soit sanctifié ; que ton règne vienne ; que ta volonté soit faite sur la terre comme au ciel. Donne-nous aujourd'hui notre pain quotidien ; Pardonne-nous nos offenses, comme nous aussi nous pardonnons à ceux qui nous ont offensés ; ne nous induis pas en tentation, mais délivre-nous du malin [...]**
>
> **Matthieu 6 : 9-13**

Les vrais fils débordent de confiance. Au travail, les gens sont souvent méfiants. Les subalternes ne font pas confiance à leurs responsables. Les responsables ne font pas confiance à leurs subalternes.

Mais dans la famille, les enfants ont généralement une confiance absolue en leur père. Je n'ai jamais entendu parler d'enfants faisant la grève ou manifestant contre leurs parents.

Plus nous faisons confiance à Dieu, plus nous connaissons Ses bienfaits. Les différences entre les enfants d'une même famille proviennent généralement des différents niveaux de confiance qu'ils ont en leur père.

Dans le ministère, j'ai remarqué la même chose. Les fils et les filles qui ont confiance en leur père reçoivent plus de bienfaits et d'onction de Dieu. Certains fils et filles sont circonspects et suspicieux. D'autres sont habités par la confiance et la foi. Les enfants qui ont confiance reçoivent toujours plus de bienfaits de leur père. Ces différences proviennent des niveaux de confiance envers le père et envers ce que le père dit.

Si donc, méchants comme vous l'êtes, vous savez donner de bonnes choses à vos enfants [...]

Luc 11 : 13

Jésus croyait aux pouvoirs de Son père. Jésus croyait que Son père était puissant. Jésus avait compris le pouvoir de Son père. Sur la croix, ses dernières paroles ont été pour Se confier à Son Père. « Père, je remets mon esprit entre tes mains. »

Par ces paroles, Il a sauvé son âme des mâchoires de la mort et l'a placée entre les mains de Son Père.

Jésus s'écria d'une voix forte : Père, je remets mon esprit entre tes mains. Et en disant ces paroles, il expira.

Luc 23 : 46

Il croyait en Son père, et même proche de la mort, Il savait qui avait le pouvoir de Le secourir. C'est le pouvoir d'un père que Jésus respectait. N'est-il pas étonnant que Ses dernières paroles sur terre aient été pour montrer à quel point il croyait en Son père ? Prodigieux !

4. UN FILS HONORE SON PÈRE.

Un fils honore son père et un serviteur son maître. Si je suis père, où est l'honneur qui m'est dû ?

Malachie 1 : 6

N'attendez pas que des serviteurs et des employés vous honorent. Vous ne pouvez attendre que des médisances et des sourires hypocrites de la part de vos employés. Vous pouvez attendre d'un vrai fils qu'il vous honore. Dans l'Ancien Testament, les prêtres étaient essentiellement un groupe d'enfants prêchant aux côtés de leur père.

Le pasteur d'une église énorme m'a dit un jour : « J'ai eu bien des déceptions en nommant des pasteurs venus d'autres églises ou d'autres groupes d'étude biblique. À présent, je ne fais plus confiance qu'en mes fils et mes filles spirituels pour travailler avec moi dans le ministère. »

C'est comme cela que ça devrait se passer ! Vos vrais fils et filles ne feront que vous honorer. Mis à part quelques fils prodigues, la plupart des fils et des filles n'apportent que joie et honneur à leur père.

Dieu m'a souvent amené à honorer des gens qui ont été des pères pour moi. J'ai essayé de les honorer en privé et en public. Je les ai honorés en paroles et en substance.

Les vrais fils et les vraies filles honorent leur père en substance. Il est inacceptable que votre père ou votre mère ait des problèmes financiers alors que vous pourriez les aider. Voulez-vous que vos parents vous supplient ? Ce n'est pas faire honneur à votre père ! C'est l'humilier. Même quand votre père et votre mère n'ont besoin de rien, vous devez les honorer en substance, car c'est l'un des enseignements de la Bible.

Un fils honore son père, et un serviteur son maître. SI JE SUIS PÈRE, OÙ EST L'HONNEUR QUI M'EST DÛ ? Si je suis maître, où est la crainte qu'on a de moi ? Dit l'ÉTERNEL des armées à vous, sacrificateurs, qui méprisez mon nom et qui dites : En quoi avons-nous méprisé ton nom ? Vous offrez sur mon autel des aliments impurs et vous dites : En quoi t'avons-nous profané ? C'est en disant : La table de l'ÉTERNEL est méprisable ! Quand vous offrez en sacrifice une bête aveugle, n'est-ce pas   mal ? Quand vous en offrez une boiteuse ou infirme, n'est-ce pas

mal ? Offre-la donc à ton gouverneur ! Te recevra-t-il bien, te fera-t-il bon accueil ? Dit l'ÉTERNEL des armées.

Malachie 1 : 6-8

5.   LES FILS OBÉISSENT À LEUR PÈRE.

Enfants, obéissez à vos parents, selon le Seigneur, car cela est juste. Honore ton père et ta mère ; (c'est le premier commandement avec promesse), afin que tout aille bien avec toi, et que tu vives longtemps sur la terre.

Ephésiens 6 : 1-3

De nombreux rebelles aiment se faire appeler fils et filles. Ils ne sont pas plus fils ou filles que moi astronaute. Les vrais fils obéissent à leur père ! Ne tentez pas d'exercer une autorité sur des gens qui ne sont pas vos vrais fils et filles dans le ministère. Ils ne feront que vous désobéir, car ce ne sont pas vos vrais fils et vos vraies filles. Vos vrais fils et vos vraies filles vous obéiront.

Quand je sens que quelqu'un n'est pas un fils ou une fille, ce que j'ai à lui dire est très limité. Seuls les vrais fils et les vraies filles obéissent.

6.   LES FILS ET LES FILLES IMITENT LEUR PÈRE.

[...] le Fils ne peut rien faire de lui-même, il ne fait que ce qu'il voit faire au Père ; et tout ce que le Père fait, le Fils aussi le fait pareillement.

Jean 5 : 19

Un vrai fils cherche à imiter son père. Il s'intéresse à ce que fait son père et pense que son père fait les choses bien. C'est ce qu'a fait Jésus. Il n'a guéri que ceux que Son père a guéris et n'a prêché qu'à ceux à qui Son père a prêché.

Les fils sont rarement plus avisés que leur père. Pourquoi Jésus n'a-t-il pas guéri la multitude près de la piscine de Bethesda ? Il n'a guéri qu'un homme et ne s'est pas soucié des autres. Cela revient à aller dans un hôpital et ne guérir qu'une personne. Cela peut vous sembler insensé, mais c'est ce qu'a fait le Père. Jésus s'est contenté d'imiter ce que Son Père a fait.

Dans le ministère, je possède des fils et des filles qui s'épanouissent quand ils imitent ce que je fais. Ils prêchent ce que je prêche et enseignent ce que j'enseigne. Ils me voient guérir les malades et se mettent à guérir les malades. Ils ne font pas cela car ce sont des clones décérébrés, *ce sont simplement de bons fils et de bonnes filles !* Les bons fils sont les premiers à vous suivre.

Bien sûr, tout père humain (moi y compris) est imparfait, sa vie ne sera jamais un exemple parfait. Notre exemple ultime, c'est le Christ ! Mais Dieu envoie des pères sur cette terre afin que nous ayons des exemples concrets à suivre.

7. LES FILS PORTENT LA PAROLE DE LEUR PÈRE

On reconnaît un vrai fils à ce qu'il porte la parole de son père. Il entend souvent la parole de son père et la répète aussi souvent que possible. Vous l'entendez parfois répéter les paroles de son père lors d'une conversation et il prêche parfois ce que son père a prêché. Comme l'a dit Jésus : « Celui qui m'a vu a vu le Père. »

Les gens demandent aux fils : « Comment savez-vous toutes ces choses ? D'où tenez-vous cette sagesse ? »

Mais ils ne font que répéter les paroles de leur père.

J'étais un fils pour mon père, un fils tendre et unique auprès de ma mère. Il m'instruisait alors, et il me disait : Que ton cœur retienne mes paroles ; Observe mes préceptes et tu vivras.

Proverbes 4 : 3-4

Chapitre 7

Quatre types de fils

C'est à la manière dont il réagit envers son père qu'on reconnaît la nature d'un fils. C'est souvent leur rapport au père qui permet de distinguer le bon, la brute et le truand. La Bible évoque quatre types de fils : le fils prodigue, le fils aîné, le fils bien-aimé et le fils obstiné et rebelle.

1. LES CARACTÉRISTIQUES DU FILS PRODIGUE

Et il dit : Un certain homme avait deux fils.

Et le plus jeune des deux dit à *son* père : Père, donne-moi la part des biens qui *me* revient. Et il leur partagea *son* bien.

Et peu de jours après, le plus jeune fils ramassa tout, et partit pour un pays éloigné, et y gaspilla son bien en vivant dans la débauche.

Luc 15 : 11-13 (BKJF)

1. Le fils prodigue quitte son père et la maison de son père.

2. Le fils prodigue veut s'éloigner le plus possible de chez lui.

3. Le fils prodigue gaspille les opportunités que lui offre sa vie.

4. Le fils prodigue reconnaît ses erreurs au milieu de sa vie et revient auprès de son père.

5. Le fils prodigue a beaucoup perdu à cause de son manque de bon sens et de son caractère rebelle.

2. LES CARACTÉRISTIQUES DU FILS AÎNÉ

Or son fils aîné était dans les champs, et comme il venait et approchait de la maison, il entendit la musique et des danses.

Et il appela un des serviteurs, il demanda ce que ces choses voulaient dire.

Et il lui dit : ton frère est venu, et ton père a tué le veau gras, parce qu'il l'a retrouvé sain et sauf.

Et il se mit en colère et ne voulait pas entrer ; son père sortit donc et le supplia.

Et lui, répondant, dit à son père : voici, depuis toutes ces années je te sers, sans avoir jamais transgressé ton commandement, et cependant tu ne m'as jamais donné un chevreau afin que je puisse me réjouir avec mes amis.

Mais dès que celui-ci ton fils, qui a dévoré ton bien avec des prostituées, est venu, tu as tué pour lui le veau gras.

Et il lui dit : Fils, tu es toujours avec moi, et tout ce que j'ai est à toi.

Il fallait bien se réjouir et être heureux, car celui-ci ton frère, que voilà, était mort, et il est de nouveau en vie ; il était perdu et il est retrouvé.

Luc 15 : 25-32 (BKJF)

1. Le fils aîné demeure chez son père.

2. Le fils aîné ne commet jamais de péchés graves.

3. Le fils aîné ne quitte jamais le chemin droit et étroit que ses parents ont tracé pour lui.

4. Le fils aîné ne consacre pas sa vie au plaisir et à la débauche.

5. Le fils aîné peut développer une attitude suffisante et intolérante envers ceux qui se sont égarés. Lui-même n'ayant jamais commis ces péchés, il est simplement incapable de comprendre ceux qui se sont adonnés à des activités insensées. Priez que le père soit en vie lors du retour du fils prodigue. Si le fils prodigue est à la merci du frère aîné, rien de bon n'en découlera.

3. LES CARACTÉRISTIQUES DU FILS BIEN-AIMÉ

Et Jésus après qu'il ait été baptisé monta aussitôt hors de l'eau ; et voici les cieux lui furent ouverts, et il vit l'Esprit de Dieu descendant comme une colombe et venant sur lui.

Et voici une voix du ciel, disant : CELUI-CI EST MON FILS BIEN-AIMÉ, en qui je suis comblé.

Matthieu 3 : 16-17 (BKJF)

Et six jours après, Jésus prend Pierre, Jacques et Jean, son frère, et les mène sur une haute montagne, à l'écart.

Et il fut transfiguré devant eux et son visage resplendit comme le soleil, et son vêtement était blanc comme la lumière.

Et voici, Moïse et Elias leur apparurent, parlant avec lui.

Alors Pierre répondit et dit à Jésus : Seigneur, il est bon pour nous d'être ici ; si tu veux, faisons-y trois tabernacles, un pour toi, un pour Moïse et un pour Elias.

Comme il parlait encore, voici un nuage brillant les couvrit ; et voici une voix sortit du nuage, qui disait : CELUI-CI EST MON FILS BIEN-AIMÉ, en qui je suis comblé ; entendez-le.

Matthieu 17 : 1-5 (BKJF)

À deux reprises, dans des circonstances différentes, Dieu le Père décrit Jésus Christ comme le « fils bien-aimé » : au début de Son ministère (le baptême), et à la fin de Son ministère (la transfiguration). Jésus Christ fut appelé fils bien-aimé avant même qu'Il prêche un seul message ou qu'Il guérisse un seul malade.

1. Un fils bien-aimé est un fils qui se soumet à l'autorité. Jésus était considéré comme un fils bien-aimé au début de

Son ministère quand Il a accepté les conditions humbles de Sa vocation.

2. Un fils bien-aimé est un fils humble. Jésus était un fils bien-aimé car Il s'est incliné devant Jean-Baptiste même s'Il était le Fils de Dieu.

3. Un fils bien-aimé est un fils qui obéit à toutes les instructions. Un fils bien-aimé obéira à une instruction même si elle lui semble insensée. Un fils bien-aimé obéira à une instruction, qu'elle soit simple ou compliquée. Jésus Christ n'a pas seulement obéi à des instructions sensées et simples. Il a obéi à toutes les niveaux Les fils bien-aimés obéissent quelles que soient les instructions.

En effet, il y a différents niveaux d'obéissance, mais un fils bien-aimé se distinguera à tous les niveaux. Chaque niveau d'obéissance mène à un différent niveau de bienfait. Jésus Christ a obéi à Son père en venant sur cette terre pour vivre parmi nous et nous montrer l'amour de Dieu. Jésus Christ a fait preuve d'obéissance absolue à Son père en mourant sur la croix. La plupart des chrétiens auraient du mal à obéir à des instructions qui causeraient leur mort. Mais pas Jésus Christ ! Il était la quintessence du « fils bien-aimé ».

4. LE FILS OBSTINÉ ET REBELLE

Si un homme a un fils obstiné et rebelle n'écoutant ni la voix de son père, ni la voix de sa mère, et ne leur obéissant pas même après qu'ils l'ont châtié,

Le père et la mère le prendront, et le mèneront vers les anciens de sa ville et à la porte du lieu qu'il habite. Et ils diront aux anciens de sa ville : C'est ici notre fils qui est obstiné et rebelle ; il n'obéit pas à notre voix ; il est glouton et ivrogne.

Et tous les hommes de sa ville le lapideront et il mourra, ainsi tu ôteras le mal du milieu de toi et tout Israël l'entendra et craindra.

Deutéronome 21 : 18-21 (BKJF)

Mais toi, fils d'homme, entend ce que je te dis, ne sois pas rebelle, comme cette maison rebelle ; ouvre la bouche, et mange ce que je vais te donner.

Ezéchiel 2 : 8 (BKJF)

1. Les fils obstinés et rebelles résistent aux ordres.

2. Les fils obstinés et rebelles s'opposent aux ordres.

3. Les fils obstinés et rebelles n'aiment pas leur père.

4. Les fils obstinés et rebelles n'aiment pas les méthodes de leur père.

5. Les fils obstinés et rebelles prennent la vie de leur père en aversion.

6. Les fils obstinés et rebelles veulent exercer une profession différente de celle de leur père.

7. Les fils obstinés et rebelles veulent adopter un mode de vie différent de celui de leur père.

8. Les fils obstinés et rebelles veulent s'habiller, se comporter et tout faire différemment de leur père.

9. Les fils obstinés et rebelles se mettent en colère lorsqu'ils sont punis, et doivent être punis pour s'être mis en colère contre leur punition.

Chapitre 8

Les fils dangereux

C ertains sont vos fils spirituels. Même si ce sont vos fils, ils peuvent vous causer de grands malheurs. En tant que leader, ne soyez pas surpris si ceux que vous élevez et que vous formez se retournent contre vous comme des tigres sauvages.

Certains fils portent en eux l'esprit d'Absalom et ce sont des fils extrêmement dangereux. *Je les appelle dangereux car ils font partie de vous mais ils se retournent contre vous.* Ils revendiquent votre héritage ! Ils vous ressemblent, mais l'esprit d'Absalom qui les habite change tout.

Comment pouvez-vous identifier un fils qui s'opposera à vous pour vous tuer ? Comme toujours, la Bible est le meilleur guide.

Douze signes qui dévoilent un fils dangereux

1.   Un fils dangereux est plein de ressentiment et d'amertume.

> **Absalom ne parla ni en bien ni en mal avec Amnon; mais IL LE PRIT EN HAINE, parce qu'il avait déshonoré Tamar, sa sœur.**
>
> **2 Samuel 13 : 22**

> **Jonadab, fils de Schimea, frère de David, prit la parole et dit : Que mon seigneur ne pense point que tous les jeunes gens, fils du roi, ont été tués, car Amnon seul est mort; et c'est l'effet d'une résolution d'Absalom, DEPUIS LE JOUR OÙ AMNON A DÉSHONORÉ TAMAR, SA SŒUR.**
>
> **2 Samuel 13 : 32**

Absalom n'avait pas pardonné le viol de Tamar à son frère. La haine enfla dans son cœur pendant deux ans. Il planifia sa vengeance et la mit à exécution. Ce monde est plein de péchés.

Dans l'église, de nombreuses choses vous offenseront. Un prêcheur ne doit pas céder à l'amertume.

Pour un pasteur, la plus grande tentation est d'être insensible. Ce péché vous privera de l'amour de Dieu. Dans l'Ancien Testament, on attendait certaines choses d'un prêtre. Un prêtre n'était pas censé avoir de blessures et de plaies ouvertes. Les blessures ouvertes s'infectent et contaminent tout le corps.

Un prêtre ou un pasteur n'avait pas le droit d'avoir des blessures ouvertes. « Un homme ayant une fracture au pied ou à la main ; un homme bossu ou grêle, ayant une tache à l'œil, *la gale, une dartre,* ou les testicules écrasés. Tout homme de la race du sacrificateur Aaron, qui aura un défaut corporel, ne s'approchera point pour offrir à l'ETERNEL les sacrifices consumés par le feu; il a un défaut corporel : il ne s'approchera point pour offrir l'aliment de son Dieu. Il pourra manger l'aliment de son Dieu, des choses très saintes et des choses saintes. *Mais il n'ira point vers le voile, et il ne s'approchera point de l'aute*l, car il a un défaut corporel; il ne profanera point mes sanctuaires, car je suis l'éternel, qui les sanctifie. » (Lévitique 21 : 20-23 Louis Segond).

Un vrai pasteur travaillant dans la vigne sera maintes fois blessé. Jésus a été maintes fois blessé, mais il a pardonné. C'est l'exemple que nous devons suivre.

Les blessures les plus répandues chez les pasteurs sont les blessures infligées par des gens ingrats et déloyaux. Il est incroyable de voir à quel point les gens peuvent oublier que vous avez été un bienfait pour eux. Ils se retournent contre vous. De nombreux pasteurs ont des difficultés à gérer l'ingratitude et la déloyauté. L'incapacité à gérer l'ingratitude marque souvent le tournant de leur vie et de leur ministère.

Lors de sa dernière interview, on a demandé à Derek Prince s'il avait des regrets. Cela peut paraître surprenant, mais il a dit qu'il regrettait de n'avoir pas pardonné plus rapidement à ceux qui l'avaient offensé.

Être pasteur, c'est être encore plus miséricordieux grâce à Dieu. La miséricorde va au-delà de la simple grâce. « C'est pourquoi, ayant ce ministère, selon la miséricorde qui nous a été faite, nous ne perdons pas courage. » (2 Corinthiens 4 : 1). Nous devons donc faire preuve de miséricorde et de pardon envers ceux qui nous offensent.

Un jour, je suis allé me promener avec un pasteur qui avait été trahi par son assistant. Alors qu'il parlait de cette personne, j'ai remarqué que ses mains tremblaient fortement. Il n'arrivait pas à croire que son assistant déloyal lui ait fait une chose pareille. Voilà comment il l'avait remercié pour la bonté dont il avait fait preuve à son égard. Je pouvais voir les plaies et les blessures béantes sur mon frère. J'éprouvais de la sympathie pour lui car il était vraiment blessé. Mais je m'inquiétais également, car je savais que c'était peut-être la fin de son ministère.

Le ressentiment d'Absalom a marqué le début de sa déchéance. Absalom aurait pu être le successeur de David sur le trône. Mais la blessure causée par Amnon a transformé Absalom en un meurtrier odieux.

Les pasteurs cèdent à l'amertume à cause des blessures infligées par des étrangers. Votre réaction peut causer votre perte.

L'asthme est une maladie qui me rappelle le ressentiment. L'asthme n'est qu'une réaction excessive à des substances qui irritent les poumons. Afin d'endiguer l'afflux de substances irritantes, les voies respiratoires se contractent et la respiration devient difficile. Une réaction disproportionnée peut causer la mort.

Absalom a réagi de manière excessive au crime de son frère. Absalom a persisté sur la voie du ressentiment, de l'amertume et de la vengeance. Il a détruit sa vie et son ministère.

Dieu attend de nous que nous soyons plus miséricordieux. Les offenses les plus graves viennent peut-être des époux. Le mariage implique une union physique et naturelle, et les pasteurs risquent de multiples blessures charnelles. Tout pasteur doit être résolu et inflexible dans sa résolution de rester marié.

Ne changez jamais d'avis au sujet de votre conjoint. Ne laissez pas vos blessures vous mener à la tromperie. Toutes les autres solutions auxquelles vous pouvez penser vous feront autant souffrir que ce mariage vous a fait souffrir. Vous n'avez pas d'autre choix. Ne délaissez jamais ce que Dieu vous a donné.

John Wesley en est un parfait exemple. Il a connu un mariage tumultueux, mais il est resté marié à la même femme jusqu'à sa mort. Même s'il lui était impossible de vivre avec sa femme, il est resté marié avec elle jusqu'au bout. Ils ont été séparés, mais ils n'ont jamais divorcé.

Le mariage, c'est pour la vie. Dieu attend de vous que vous pardonniez et que vous marchiez dans l'amour. Méfiez-vous des gens qui ne pardonnent pas et n'oublient pas.

2. *Les fils dangereux attaquent leurs frères.*

Absalom donna cet ordre à ses serviteurs : Faites attention quand le cœur d'Amnon sera égayé par le vin et que je vous dirai : Frappez Amnon ! Alors tuez-le ; ne craignez point, n'est-ce pas moi qui vous l'ordonne ? Soyez fermes, et montrez du courage !

2 Samuel 13 : 28

Les fils dangereux montrent des traits inquiétants pour l'œil averti. Attaquer et tuer son propre frère est un mauvais signe et une source d'inquiétude. Vous devez savoir reconnaître les signes de danger lorsque des prêcheurs s'en prennent à leurs collègues.

De nombreux pasteurs ne se rendent pas compte que la plupart de leurs discussions concernent les autres et pas la Parole de Dieu. Les analyses, les critiques et les moqueries incessantes concernant d'autres pasteurs reviennent à tout bout de champ dans la conversation de certains.

Souvent, il n'est même pas possible de partager les Ecritures et les révélations. Les discussions de pasteurs jaloux semblent être fondées sur la critique des autres. J'ai remarqué que j'évite la compagnie de tels pasteurs.

3. Les années de difficultés et d'épreuves n'affectent pas les fils dangereux.

Absalom demeura deux ans à Jérusalem, sans voir la face du roi.

2 Samuel 14 : 28

Absalom a connu la difficulté de vivre en exil pendant deux ans. On pourrait penser que cela l'aurait changé. Méfiez-vous des pasteurs que vous avez dû remettre sur le droit chemin et corriger. Ce n'est pas parce qu'ils ont été punis qu'ils se sont repentis. L'esprit d'insensibilité et de rébellion agit au fond d'eux-mêmes.

Je me souviens d'un employé que nous avons dû remettre dans le droit chemin. Il a écrit une lettre d'excuse dans laquelle il précisait : « J'ai eu tort, je regrette ce que j'ai fait. » Après avoir écrit cette lettre, il a été suspendu quelques mois. Mais après des mois de suspension, ce fils dangereux s'est rebellé contre moi. Il m'a attaqué et a attaqué l'église à laquelle il avait appartenu.

Il m'a même envoyé un message disant : « Je vous chasserai de cette ville. » Son intention était peut-être de colporter des ragots à mon sujet jusqu'à ce que je finisse par avoir honte et que je quitte la ville.

Ces menaces vous semblent familières ? Absalom n'a-t-il pas tenté de chasser David de Jérusalem ? En réalité, Absalom a réussi à chasser David de Jérusalem pendant quelques jours.

Voilà ce qu'il faut retenir : l'esprit d'Absalom n'est pas corrigé par la punition ni même par des années de discipline. Ne vous laissez pas duper : la discipline, les épreuves ou même la pauvreté n'ont pas changé Absalom.

Ceci explique pourquoi certaines personnes ne s'excusent jamais, quelles que soient les épreuves qu'elles traversent. Elles souffrent peut-être, mais ne font jamais preuve d'humilité et de repentir. Ce sont des réincarnations d'Absalom ! Deux ans d'exil et des difficultés n'ont pas infléchi le cœur d'Absalom. Il s'est endurci et est devenu encore plus dangereux. Les épreuves ne rendent pas un vrai « Absalom » plus humble et ne le changent pas !

4. *Les fils dangereux pensent être irrévocables.*

Absalom répondit à Joab : Voici, je t'ai fait dire : Viens ici, et je t'enverrai vers le roi, afin que tu lui dises : Pourquoi suis-je revenu de Gueschur ? Il vaudrait mieux pour moi que j'y fusse encore. Je désire maintenant voir la face du roi ; et s'il y a quelque crime en moi, QU'IL ME FASSE MOURIR.

2 Samuel 14 : 32

Une personne qui se sent indispensable est une personne dangereuse à côtoyer. Certaines personnes pensent être intouchables et indispensables.

Absalom pensait qu'il était impossible qu'il soit congédié. Il pensait qu'il ne pourrait pas être exilé.

Nous venons de lire qu'Absalom a dit à Joab que si le Roi David trouvait quelque crime en lui, il n'avait qu'à l'exécuter. Absalom pensait que son père ne pourrait pas l'exécuter. Absalom était certain que David ne pourrait pas le punir ou régler sa situation.

Ces paroles d'Absalon révèlent l'état d'esprit d'une personne dangereuse. « Mon père ne peut pas me renvoyer », « Mon père ne peut pas me punir », « Mon père ne peut rien faire contre moi ». En d'autres termes, je suis intouchable et je le sais !

Quiconque se croit intouchable a développé une attitude déplorable.

Un jour, je discutais avec l'assistant principal ayant le plus d'ancienneté au sein d'une église importante. Il était furieux car il venait d'être transféré dans une autre ville.

Le pasteur avait reconnu la rébellion qui naissait en lui et l'avait vite muté dans une autre ville.

Mais cet homme se croyait intouchable. Il pensait également que c'était une insulte de devoir quitter le quartier général de l'église.

Nous avons continué à parler de son nouveau poste dans une église affiliée.

Il a dit : « Je suis l'assistant principal, je travaille ici depuis de nombreuses années. Une personne de mon rang ne devrait pas être transférée. Je suis au-dessus d'une mutation. »

Il a poursuivi : « Même le mot *transfert* ne devrait pas s'appliquer à moi... »

Mais cet homme se croyait intouchable. Il ne pensait pas pouvoir être déchu de sa position. Malheureusement, dès que vous commencez à vous croire indispensable, vous devenez orgueilleux et aveugle. Comme Absalom, vos illusions causeront votre perte. L'orgueil précède toujours la chute.

Parfois, quand les gens se sentent spéciaux et aimés, ils profitent de la situation. C'est également une erreur. Il y a toujours un Joab pour faire le travail qu'un père répugne de faire.

Certaines circonstances poussent un enfant victime d'illusions et orgueilleux à perdre sa bonne place. Tentez votre chance, et vous vous rendrez compte que personne n'est indispensable.

Renvoie-moi si tu peux

Un jour, un de mes fils s'est comporté de manière inappropriée envers un de ses supérieurs. Il y a eu plusieurs actes d'insubordination. J'ai tenté de l'appeler pour le raisonner, mais il ne répondait même pas au téléphone.

Il écoutait les messages que je laissais sur son répondeur, il savait que je tentais désespérément de le contacter. Mais il ne s'est même pas donné la peine de répondre.

Pendant plusieurs semaines, nous avons tous tenté de le contacter et de lui parler. Il a continué à nous ignorer jusqu'à ce qu'un jour, son superviseur réussisse à la contacter par téléphone. Une brève conversation a suivi, et je me rappelle encore l'effroyable message que ce jeune homme nous a envoyé.

Le superviseur lui a demandé : « Comprends-tu ce que tu es en train de faire ?

Sais-tu à quel point ton comportement est répréhensible ?

Sais-tu combien la situation est grave ?

Comprends-tu les implications de tes actions ? »

Il a répondu : « Oui. Je sais ce que je fais. Je comprends toutes les implications. »

Son superviseur lui a demandé : « Alors pourquoi fais-tu cela ? »

Il a répondu par un silence insolent. Puis il a dit : « Vous devriez peut-être me renvoyer. »

Son superviseur en bégayait : « Ai-je bien entendu ? Que viens-tu de dire ? »

Il a répondu : « Tout organisation qui se respecte renverrait quelqu'un comme moi. Ça ne tient qu'à vous de me renvoyer. »

La conversation a pris fin et le superviseur a raccroché, incrédule.

Quand le superviseur m'a parlé de la conversation avec mon fils, j'ai compris ce qui se passait. Ce jeune homme pensait que je ne pouvais pas le renvoyer. Il savait qu'il était spécial et il cherchait à en profiter. C'est un « fils d'Absalom » qui sait que son père ne peut pas le tuer même s'il mérite de mourir.

Il est vrai que j'aurais facilement pu le renvoyer. Même après qu'il m'ait suggéré de le renvoyer, j'ai tenté une dernière manœuvre pour éviter d'avoir à le faire. J'ai appelé sa femme en lui disant de conseiller à son mari de démissionner afin que je n'aie pas à le renvoyer.

En tant que père, je cherchais à empêcher mon fils de gâcher sa vie !

Absalom savait combien son père David l'aimait. Il en a profité et a dit : « Qu'il me tue s'il en est capable. » Même lorsque Joab a exécuté Absalom, David s'est lamenté sur lui.

> **Alors le roi, saisi d'émotion, monta dans la chambre au-dessus de la porte et pleura. Il disait en marchant : Mon fils Absalom ! Mon fils, mon fils Absalom ! Que ne suis-je mort à ta place ! Absalom, mon fils, mon fils ! On vint dire à Joab : Voici, le roi pleure et se lamente à cause d'Absalom. Et la victoire, ce jour-là, fut changée en deuil pour tout le peuple, car en ce jour le peuple entendait dire : Le roi est affligé à cause de son fils.**
>
> **2 Samuel 18 : 33-19 : 2**

Les épouses intouchables

Les épouses qui pensent que leur mari ne peut pas divorcer d'elles appartiennent également à cette catégorie. Certaines épouses deviennent méchantes et rebelles, elles détournent la règle du mariage qui interdit de divorcer. Elles pensent que leurs maris ne peuvent pas les congédier, divorcer d'elles ou les remplacer ! Elles sentent l'engagement de leur mari envers la Parole de Dieu et exploitent leur statut d'intouchable au maximum.

Elles se cachent et se comportent de manière éhontée avec leurs maris impuissants.

Un pasteur marié est comme un bouledogue sans dents, qui ne fait qu'aboyer mais ne mord jamais. Ils peuvent avertir, fulminer et tempêter, mais ne peuvent pas les congédier ! Et les épouses le savent ! De nombreux pasteurs souffrent en silence entre les mains d'épouses insensées et malicieuses qui profitent de l'interdiction de divorcer. Par-Par-Pardonnez !

5. *Les fils dangereux pensent pouvoir remplacer leur père.*

> **[...]Absalom disait : qui m'établira juge dans le pays ? Tout homme qui aurait une contestation et un procès viendrait à moi, et je lui ferais justice.**
>
> **2 Samuel 15 : 4**

Absalom avait le désir de prendre le contrôle et de remplacer son père.

Absalom pensait être l'égal de son père, David. C'est l'esprit d'Absalom. « Je peux et je vais remplacer mon père immédiatement. » C'est différent d'un fils qui souhaite émuler son père dans un esprit d'humilité. C'est l'esprit de « prise de pouvoir » et de « remplacement ».

Vous pouvez le sentir

Un de mes amis qui est évêque a pu sentir l'esprit d'Absalom autour de lui. Il se sentait encerclé par ces « fils dangereux habités par l'esprit de prise de pouvoir » dans le ministère. C'était des faucons qui pensaient que leur père spirituel n'était plus utile.

Il a lâché étourdiment : « certains veulent me pousser à la retraite, mais personne ne peut faire ça ! » Il pouvait sentir que certains voulaient se débarrasser de lui.

Il a poursuivi : « ce qu'ils ignorent, c'est que quand je ne serai plus là, la 'chose' qui m'assaillait les assaillira. »

Trois signes de l'esprit de remplacement

Quand de telles personnes créent de nouvelles églises, ils sont incapables de cacher leur désir de remplacer rapidement leur père. Un « Absalom » ne peut pas cacher le désir qui l'obsède depuis des années : le désir de prendre la place de son père.

Absalom disait : « Qui m'établira juge dans le pays ? » (2 Samuel 15 : 4).

Ce cri du premier Absalom est le même que celui des « Absalom » de notre époque.

C'est le vœu secret de ces fils dangereux !

Il est intéressant de voir ces personnes dangereuses opérer. Leurs actions ne font que révéler leur lignée. Les ministères nouveaux et rebelles fondés par des « Absalom » présentent certaines caractéristiques.

Je veux vous montrer trois caractéristiques répandues dans les églises et ministères créés par des fils dangereux habités par l'esprit d'Absalom.

a. Ils aiment situer leur nouvelle église près de l'église qu'ils ont quittée.

Ces églises sont souvent situées non loin de leur église originale. Une église que je fréquentais comptait un pasteur assistant très populaire qui a décidé de quitter cette église. Cet homme avait publié des brochures contenant des informations blessantes concernant notre pasteur. Un dimanche matin, il a distribué ces brochures dans notre église. Mais une armée de fidèles l'ont expulsé.

Il est resté perplexe devant l'église, il ne comprenait pas que ces gens puissent être fidèles à quelqu'un qu'il trouvait inapte. Il pensait posséder assez d'informations blessantes pour pousser tous les fidèles à le suivre. Au lieu de ça, il avait été expulsé par notre fidèle service d'ordre.

De manière surprenante, il a loué un bâtiment cent mètres plus loin, dans la même rue, pensant que toute la congrégation l'y suivrait. En quelques mois, son église a périclité. Les « Absalom » sont parfois très prévisibles. Dieu ne bénit pas l'œuvre d'Absalom.

b. Une autre caractéristique de ces fils dangereux est qu'ils utilisent des noms similaires à celui utilisé par leur père.

Par exemple, si l'église du père s'appelle « L'Internationale des minables », l'église d'Absalom s'appelle généralement « L'Internationale des perdants ». De la même manière, si l'église du père s'appelle « L'Internationale de la chapelle céleste », l'église d'Absalom s'appelle généralement « L'Internationale de la chapelle paradisiaque ».

Tout est nommé de la même manière, même au sein de l'église. Par exemple, si le chœur de l'église du père s'appelle « les roses », le chœur de l'église d'Absalom s'appelle généralement « les lilas » .

Si les groupes s'appellent « associations à domicile », les groupes d'Absalom porteront le même nom.

Ces similarités sont dues au fait que les fils partagent des traits communs avec leur père. Comme je l'ai dit, ces « Absalom » ne peuvent cacher leur identité ni le lien qui les rattache à leur père.

Dans certains cas, un « Absalom » conserverait même le nom du ministère de son père et le lui disputerait. J'ai vu des exemples incroyables d'églises sécessionnistes ayant insisté pour utiliser le nom du ministère original appartenant à l'église qu'elles avaient quitté. Incroyable, n'est-ce pas ?

c. Les fils dangereux ont les mêmes pratiques que leur père.

Comme Absalom tient tout ce qu'il sait de son père, il applique des pratiques similaires dans son église. Par exemple, si l'église du père organisait une messe le jeudi, Absalom organiserait également une messe le jeudi. Si l'église du père comprenait un service de ramassage des membres, Absalom fait généralement la même chose.

Ce sont juste quelques similarités qui prouvent qu'Absalom est vraiment un fils, mais un fils dangereux !

6. *Les fils dangereux critiquent leur père.*

Absalom lui disait : Vois, ta cause est bonne et juste ; mais personne de chez le roi ne t'écoutera.

Absalom disait : Qui m'établira juge dans le pays ? Tout homme qui aurait une contestation et un procès viendrait à moi, et je lui ferais justice.

2 Samuel 15 : 4

Absalom a critiqué la façon dont son père gouvernait le pays. L'esprit du mal engendre la critique. Rien ne justifie la critique. Toutes les Écritures condamnent cette pratique.

La vision du cochon

J'ai eu une vision lors de laquelle je marchais sur un long chemin au milieu des montagnes. La visibilité était bonne, je pouvais voir à des kilomètres à la ronde. Dans la vision, je discutais avec deux autres pasteurs en marchant.

À un moment, j'ai fait un commentaire au sujet d'un grand homme de Dieu. Ma remarque n'était ni une louange mais n'était pas neutre : c'était une critique concernant une action de cet homme.

Dès que j'ai prononcé ces paroles, j'ai remarqué une créature ressemblant à un cochon venant dans ma direction. Il se trouvait à des kilomètres derrière nous, mais j'ai remarqué qu'il avait cherché à se rapprocher depuis que j'avais prononcé ces paroles. La créature semblait avoir entendu ma critique. Dès que je me suis plaint, elle s'est dirigée vers moi. Au début, j'ai cru que le mouvement de cet animal n'avait rien à voir avec moi, mais je me sentais mal à l'aise et je n'arrêtais pas de me retourner pour voir sa position.

À mon grand désarroi, elle continuait à se rapprocher. J'ai compris que je courais un grand danger, et nous nous sommes retournés pour affronter la créature qui avançait vers nous à vive allure. La créature a fini par nous rattraper. À ma grande surprise, le cochon a ignoré mes amis et a sauté en direction de ma poitrine. J'ai hurlé quand elle a pénétré dans ma chair puis je me suis réveillé.

Le Seigneur m'a dit : « Chaque fois que tu critiques mes serviteurs, tu attires les esprits du mal. » Ces esprits du mal causent la maladie et d'autres calamités dans votre vie. Je me suis rendu compte qu'il était très dangereux de dire du mal des serviteurs de Dieu.

Cette vision m'a véritablement terrifié.

Toute personne spirituelle hésiterait à critiquer les serviteurs de Dieu, quelle qu'en soit la raison. Marie pensait avoir une bonne raison de critiquer Moïse.

Lorsqu'elle le critiqua, elle fut frappée de la lèpre et Dieu lui demanda : « Pourquoi donc n'avez-vous pas craint de parler contre mon serviteur, contre Moïse ? » (Nombres 12 : 8).

La génération de Josué

Ceux qui ont suivi Moïse n'ont jamais vu la Terre Promise. Ils n'ont pas pu connaître la Terre Promise à cause d'une chose : l'esprit de plainte, de murmure, de doute et de critique.

Aussi voyons-nous qu'ils ne purent y entrer à cause de leur incrédulité.

Hébreux 3 : 19

Comment l'incrédulité s'est-elle manifestée ? L'incrédulité se manifeste par les murmures et les plaintes. Les Israélites se plaignaient constamment. Au bout du compte, ils n'ont pas trouvé la Terre Promise. La génération de Moïse n'a pas trouvé la Terre Promise, mais celle de Josué a réussi.

La génération de Josué est celle qui a cessé de se plaindre et de maugréer. La génération qui cessera de murmurer héritera de la Terre Promise. Si vous pouvez mettre fin à toute forme de murmure et de plainte au sein de votre église, vous verrez la promesse de Dieu pour votre ministère.

La génération de Josué connaissait l'effet dévastateur des murmures. Les adeptes de Josué avaient promis d'éliminer quiconque manifesterait le moindre signe de bougonnement.

Ils répondirent à Josué, en disant : Nous ferons tout ce que tu nous as ordonné, et nous irons partout où tu nous enverras.

Nous t'obéirons entièrement, comme nous avons obéi à Moïse. Veuille seulement l'éternel, ton Dieu, être avec toi, comme il a été avec Moïse !

Tout homme qui sera rebelle **à ton ordre, et qui n'obéira pas à tout ce que tu lui commanderas, sera puni de mort. Fortifie-toi seulement, et prends courage !**

Josué 1 : 18

Cham, le fils dangereux

Un fils qui grandit dans votre demeure et bénéficie de tout ce que vous possédez mais qui ne croit toujours pas en vous est un fils dangereux. Ces fils dangereux oublient qu'ils n'existeraient pas si leur père n'avait pas été là. Ils oublient qu'ils ne seraient pas dans le ministère si quelqu'un ne le leur avait pas permis.

Cham s'est aperçu que son père était saoul et a décidé de le dire à tout le monde. Il a bafoué son propre père ! Cham a oublié que si Noé n'avait pas construit une arche, il n'existerait même pas ! Si Cham n'avait pas vécu, comment pourrait-il critiquer son père, Noé ? C'est pourquoi la malédiction de Cham est si grave. Ne critiquez pas votre père même, s'il est saoul. Priez plutôt de ne jamais connaître les mêmes problèmes de boisson.

Le document sur les sectes

J'ai eu des fils que j'ai élevés et formés dans le ministère. Quand je les ai rencontrés, ils n'étaient que des chrétiens ordinaires, loin de devenir pasteurs. Je les ai formés et je les ai nommés pasteurs. Je leur ai attribué des paroisses, je les ai encouragés et je les ai protégés contre ce qui détruit les jeunes pasteurs. Ils ont parfois commis des erreurs évidentes qui auraient pu pousser leur congrégation à se détourner d'eux, mais je les ai protégés en ne permettant que personne ne se rebelle contre eux.

Une fois, lorsqu'une personne a appris que j'avais nommé l'un d'eux pasteur, elle s'est exclamée : « Vous faites des merveilles ! »

Une autre fois, j'ai tant défendu ce jeune pasteur qu'on m'a accusé d'avoir d'autres intentions. Les jeunes pasteurs font parfois preuve d'un comportement indéfendable et inacceptable. Mais en tant que père, il est de mon devoir de protéger mes fils jusqu'à ce qu'ils soient indépendants. Ces fils ont fini par quitter mon ministère et ne font plus partie de notre église. Maintenir une relation avec eux m'est devenu extrêmement déplaisant, car je me suis rendu compte que j'avais affaire à des fils dangereux.

Ils étaient mes fils, mais comme Absalom, ils dérangeaient leur père. J'ai souvent pensé à eux. J'espérais avoir une influence dans leur vie. Mais ça n'a pas été le cas.

J'ai été complètement décontenancé lorsqu'ils m'ont envoyé un document à propos des sectes. Ce document soulignait les caractéristiques des sectes. Comment les identifier et les éviter !

Malheureusement, grâce à cet enseignement, ces deux fils avaient découvert que Lighthouse Chapel, l'église qui les avait élevés, possédait certaines caractéristiques d'une secte. Ils avaient partagé ces « vérités » et m'envoyaient un exemplaire pour m'informer. J'ai reçu mon document sur les sectes. Ils voulaient que je puisse identifier par moi-même les caractéristiques de mon ministère qui pouvaient être assimilées à une secte.

Bien entendu, je ne crois pas prêcher à une secte. Je prie pour que ce ne soit jamais le cas. Mais je considère que c'est un privilège d'être vilipendé pour Christ.

Ces jeunes hommes avaient oublié que l'église qu'ils considéraient à présent comme une secte les avait ordonnés dans le ministère.

N'est-il pas incroyable que quelqu'un que j'ai élevé puisse penser que mon ministère ou moi-même possédons les caractéristiques d'une secte ? Même des gens n'appartenant pas à cette église n'iraient jusqu'à dire ça. Mais c'est la vie. Les fils et les filles devraient faire attention lorsqu'ils parlent de quelqu'un qui a été leur père !

Quand Jésus a chassé les démons, quelqu'un a dit qu'il avait fait appel à l'esprit de Belzébuth. Jésus a donné un avertissement très solennel. C'est pourquoi je vous dis : Tout péché et tout blasphème sera pardonné aux hommes, mais le blasphème contre l'Esprit ne sera point pardonné.

Quiconque parlera contre le Fils de l'homme, il lui sera pardonné ; mais quiconque parlera contre le Saint-Esprit, il ne lui sera pardonné ni dans ce siècle ni dans le siècle à venir.

Matthieu 12 : 32

7. *Les fils dangereux influencent les autres contre leur père.*

Deux cents hommes de Jérusalem, qui avaient été invités, accompagnèrent Absalom ; et ils le firent en toute simplicité, sans rien savoir.

2 Samuel 15 : 11

Les faux leaders s'épanouissent grâce à l'ignorance de leurs adeptes. Certaines personnes détestent mon livre *« Loyauté et Déloyauté »*. Ils le détestent car il révèle leur propre déloyauté.

Les livres sur la loyauté éduquent les gens ordinaires sur les conséquences de la déloyauté. Après de tels enseignements, les membres ordinaires de l'église identifient facilement les faux leaders. Un leader rebelle qui maugrée sera facile à repérer et ne s'épanouira pas là où on a appris à distinguer la loyauté et la déloyauté.

Un jour, j'ai été invité à prêcher dans une église. Plusieurs pasteurs étaient assis au premier rang. J'ai prêché au sujet de la loyauté et de la déloyauté. Ils m'ont tous souri après l'office et ont tous fait des commentaires neutres et agréables à propos du sermon.

Ils me disaient par exemple : « C'est une bénédiction », « joli sermon », etc. Malheureusement, certains d'entre eux ont détesté le message. Plus tard, l'un d'eux a fait une remarque.

Il a dit : « Ce livre, Loyauté et Déloyauté, est un tissu d'âneries. »

L'un des pasteurs a demandé : « N'a-t-il rien d'autre à prêcher ? »

Un autre encore a dit : « Connaît-il autre chose que la loyauté et la déloyauté ? »

Ce n'est pas surprenant : ceux qui n'ont pas aimé le message étaient des pasteurs déloyaux. Quelques années plus tard, ces pasteurs ont quitté l'église.

C'est une stratégie intelligente de discréditer un livre pour que vos adeptes ignorants n'apprennent jamais ce qu'il contient.

Absalom s'épanouit grâce à l'ignorance et la naïveté. Méfiez-vous des gens qui font campagne contre leur père et qui essaient de vous opposer à votre père.

8. *Un fils dangereux vole le cœur des adeptes de son père.*

Absalom agissait ainsi à l'égard de tous ceux d'Israël, qui se rendaient vers le roi pour demander justice. Et Absalom GAGNAIT LE CŒUR des gens d'Israël.
2 Samuel 15 : 6

Quelqu'un vint informer David, et lui dit : LE CŒUR DES HOMMES D'ISRAËL S'EST TOURNÉ VERS ABSALOM.
2 Samuel 15 : 13

Absalom devait trouver des adeptes, et il savait quoi faire. Il devait gagner le cœur des gens. Malheureusement, Absalom n'avait aucun droit sur ceux-ci. C'est pourquoi on peut parler de vol.

Les fils dangereux veulent ce qui ne leur appartient pas. Le bien le plus précieux d'un leader est le cœur de ses adeptes. Si leurs cœurs sont avec vous, vous contrôlez la situation.

Etre un leader, c'est gagner les cœurs de vos adeptes. David était un leader, il a créé la nation d'Israël à partir de rien. Quand il s'est rendu compte qu'Absalom avait gagné le cœur des gens, il a su qu'il devait fuir.

Les « Absalom » sont généralement des individus beaux ou talentueux. Malheureusement, ce sont les pasteurs talentueux, qui sont oints et qui réussissent qui sont tentés de devenir des « Absalom ». Absalom avait les cheveux longs et était sans doute très séduisant.

Chaque pasteur doit surveiller ses assistants talentueux. Il est très tentant de devenir un fils dangereux quand on a du talent. Mystérieusement, le don que Dieu vous accorde peut causer votre déchéance. Comme quelqu'un l'a dit :

« Méritez-vous supporter d'être béni ? »

Etes-vous digne d'une onction ? Etes-vous digne d'une onction durable ?

Pouvez-vous être talentueux sans être déloyal ? Pouvez-vous être béni sans être un Absalom ?

Pouvez-vous être riche sans être orgueilleux ?

Pouvez-vous être accessible aux gens sans voler leur cœur ?

Peut-on vous confier la responsabilité d'une église sans que vous vouliez prendre le contrôle ?

Peut-on fonder une église et la laisser à vos soins pendant un an sans que vous voliez les cœurs de la congrégation ?

Ne laissez pas votre talent causer votre déchéance. Absalom a fini par être capturé et tué à cause de sa longue chevelure chatoyante. Le bienfait que Dieu vous accorde finira par vous détruire. Est-ce fréquent ? « Absalom se trouva en présence des gens de David. Il était monté sur un mulet. Le mulet pénétra sous les branches entrelacées d'un grand térébinthe, et la tête d'Absalom fut prise au térébinthe ; il demeura suspendu entre le ciel et la terre, et le mulet qui était sous lui passa outre. » (2 Samuel 18 : 9).

9. Un fils dangereux convoite les plaisirs et les privilèges de son père.

On dressa pour Absalom une tente sur le toit, et Absalom alla vers les concubines de son père, aux yeux de tout Israël.

2 Samuel 16 : 22

Les privilèges d'un père sont spéciaux. Il est important de respecter le privilège que Dieu accorde aux pères. Un fils qui désire les privilèges de son père est un vrai Absalom. De nombreux pasteurs prétendent que Dieu leur a demandé de commencer leur ministère. Certains de ces hommes sont des « Absalom » qui souhaitent jouir des privilèges de leur père.

Ils ne sont pas satisfaits de ce qu'ils ont et ne voient pas pourquoi ils devraient se tuer à la tâche et laisser quelqu'un d'autre en tirer les bénéfices.

Si Dieu vous a demandé de créer votre propre ministère, assurez-vous que vous n'êtes pas un autre Absalom désirant les plaisirs et les privilèges des pasteurs. L'esprit de Guéhazi et l'esprit d'Absalom fusionnent à ce moment-là.

Guéhazi désirait plus de privilèges tandis qu'Absalom désirait les concubines de son père. Les « Absalom » veulent plus de voitures, de maisons et d'argent. Ils veulent rapidement atteindre la grandeur.

C'est le combat pour les privilèges qui est souvent appelé le combat pour la vérité. Même s'ils prétendent combattre pour la vérité ou pour que la volonté de Dieu soit faite, les gens combattent pour plus de plaisirs et de privilèges. Pardonnez !

10. Les fils dangereux ont des tendances destructrices.

Il fit demander Joab, pour l'envoyer vers le roi ; mais Joab ne voulut point venir auprès de lui. Il le fit demander une seconde fois ; et Joab ne voulut point venir. Absalom dit alors à ses serviteurs : VOYEZ, LE CHAMP DE JOAB est à côté du mien ; il y a de l'orge ; allez et METTEZ-Y LE FEU. Et les serviteurs d'Absalom mirent le feu au champ.

2 Samuel 14 : 29-30

Absalom a brûlé la ferme de Joab pour attirer son attention. Il ne reculait devant rien pour arriver à ses fins. Méfiez-vous des gens qui ne reculent devant rien pour arriver à leurs fins.

Ils jettent l'argent par les fenêtres et marchent sur la tête des gens pour arriver à leurs fins. Brûler la ferme de Joab prouve qu'Absalom est impitoyable. Une personne impitoyable est une personne dangereuse. Elle est prête à tout dans sa quête pour le pouvoir. Cela ne les dérange pas de détruire un ministère ou la réputation de leur père pour arriver à leurs fins.

11. Les fils dangereux fomentent des conspirations, des réunions secrètes et des complots.

Pendant qu'Absalom offrait les sacrifices, il envoya chercher à la ville de Guilo Achitophel, le Guilonite, conseiller de David. LA CONJURATION DEVINT PUISSANTE, et le peuple était de plus en plus nombreux auprès d'Absalom.

2 Samuel 15 : 12

Absalom a organisé plusieurs réunions secrètes avec Achitophel et d'autres dissidents. Ces rencontres secrètes étaient nécessaires au développement d'une conspiration puissante.

Certaines personnes aiment murmurer entre elles, même en votre présence. Ce qu'elles racontent ne semble jamais vous concerner ! Il est temps d'apprendre à reconnaître et détecter les conspirateurs parmi les soi-disant adeptes loyaux.

Le succès de n'importe quelle mission dépend de la loyauté absolue de ceux qui vous accompagnent. Battez-vous pour la loyauté.

Ouvrez l'œil et repérez les gens qui se retrouvent après les rendez-vous officiels. Méfiez-vous des gens qui discutent à l'écart et qui font référence à des choses que personne d'autre qu'eux ne peut comprendre. Ce sont des signes qu'on ne vous dit pas tout.

12. Les fils dangereux ne savent pas inspirer la loyauté à leurs fidèles.

Les fils dangereux sont voués à l'échec dans le ministère car ils ont été castrés du pouvoir d'inspirer la loyauté. Les testicules de la loyauté ont été supprimés et il n'y a plus de semence pour générer des adeptes loyaux.

Après avoir dirigé une armée pour tuer votre père, comment pouvez-vous jouer le rôle d'un père ?

La fondation même de la loyauté et de l'engagement est détruite. Les gens que vous avez dirigés vous ont vu tuer votre propre père. *En vous observant, ils ont appris comment renverser des leaders établis et ordonnés par Dieu.*

Eliminer les fondations

Je me rappelle avoir rendu visite à un pasteur, un ami, qui venait de prendre le contrôle d'une église filiale d'une certaine dénomination. Il avait repeint le nom original de l'église et l'avait renommée.

Ses assistants et lui avaient conspiré pour se rebeller contre le quartier général de cette dénomination et s'étaient emparés de l'église, y compris ses biens et ses membres.

J'ai interrogé mon ami : « Comment as-tu pu faire une telle chose ? »

Nous étions dans l'auditorium, et je lui ai fait remarquer : « Ce n'est pas ta chaire, et ce ne sont pas tes chaises. »

J'ai continué : « C'est mal de prendre le contrôle d'une église de cette manière. »

Mais il était inflexible. Pour lui, il s'agissait de la volonté de Dieu.

Il a expliqué : « Le Superviseur Général a perdu la foi. Il ne lit même plus la Bible. Il lit des livres étranges comme Attila le Hun. »

« Qu'est-ce que Attila le Hun ? », lui ai-je demandé.

Il a répondu : « J'ignore de quoi parle ce livre, mais je refuse de lire de telles choses plutôt que la Bible. »

Il a poursuivi : « Je vais te montrer quelque chose. »

Nous sommes sortis et dehors se trouvait une voiture allemande de luxe neuve, noire et rutilante. Il a dit : « Quelqu'un a entendu parler de ma rébellion. Il m'a acheté cette voiture neuve et me l'a envoyée comme cadeau pour m'encourager. Il a fait ça pour me 'remercier' d'avoir fait du bon travail. »

Alors que nous nous tenions à côté de cette superbe voiture, le pasteur s'est tourné, m'a dévisagé et a dit : « Cela se peut-il être l'œuvre du diable ? Est-ce l'œuvre de Dieu ? Le diable m'offrirait-il une voiture si belle et si chère ? »

Pour lui, ce cadeau inespéré était la confirmation qu'il avait fait du bon travail.

Puis je lui ai demandé : « Comment vas-tu diriger cette nouvelle église ? »

Il a dit : « Je suis le pasteur, mais ceux qui m'entourent vont m'aider à diriger. Je ne veux pas être un tyran, comme l'était le Superviseur Général. »

« Je serai un leader différent », a-t-il poursuivi.

Quand nous nous sommes quittés, j'ai su que ce frère avait éliminé les fondations de la stabilité, du leadership et de la loyauté. Quelques mois plus tard, ses nouveaux pasteurs associés lui ont demandé de partir. Ils ont émis plusieurs accusations à son encontre et l'ont renvoyé. Il ne pouvait pas contrôler ses assistants car cette église n'avait pas de fondations. Il lui était impossible de contrôler la tempête de la rébellion qu'il avait déclenchée.

Condamné à récolter les fruits de vos actions

Même si ceux qui vous entourent ne se rebellent pas, vous êtes condamné à récolter les fruits de vos actions. Galates 6 : 7 s'opposera à vos bons prêches, vos bons principes, votre belle apparence et vos stratégies rusées. Ce n'est qu'une question de temps. Cela peut prendre dix ans, mais les Ecritures ne peuvent être démenties.

Dans le cas d'Absalom, il a récolté les fruits de ses actions presque immédiatement. Lors de sa première réunion de cabinet, il a été poussé à choisir une personne déloyale en tant que conseiller.

Dieu avait décidé de détruire Absalom, et le Seigneur l'a fait en poussant Absalom à écouter les conseils d'une personne déloyale.

Achitophel conspirait depuis des mois, voire des années. Huschaï, l'Arkien, était un ami loyal du roi David et qui s'était infiltré dans le camp d'Absalom pour le tromper. Absalom savait que les deux hommes les plus avisés et auxquels son père se fiait étaient Huschaï l'Arkien et Achitophel le Guilonite.

Pouvez-vous croire qu'Absalom ait choisi de rejeter l'avis d'Achitophel, son conspirateur loyal, cette nuit fatidique ? C'est ce qui a causé la défaite d'Absalom. Il a choisi une personne déloyale comme bras droit.

Huschaï : les fruits de la déloyauté d'Absalom

Puisqu'ils ont semé du vent, ils MOISSONNERONT LA TEMPÊTE [...]

Osée 8 : 7

Si vous êtes un « Absalom », Dieu vous fera choisir le mal car vous avez causé le mal. Sans vous en douter, vous choisissez des personnes mauvaises et infidèles. Les menteurs et les voleurs vous entoureront. Votre argent ne suffira jamais, car les personnes qui comptent et gèrent votre argent vous voleront en permanence.

Des femmes perfides, plus amères que la mort, empoisonneront votre vie. Pitié ! C'est l'un des châtiments de Dieu. « Et j'ai trouvé plus amère que la mort la femme dont le cœur est un piège et un filet, et dont les mains sont des liens; celui qui est agréable à Dieu lui échappe, mais le pécheur est pris par elle. » (Ecclésiaste 7 : 26)

Des magiciens seront vos comptables. Sans le savoir, vous emploierez des sorcières pour vous assister dans le ministère.

C'est parce que lorsque vous avez été employé, vous avez été une sorcière et un magicien pour votre employeur. *À chaque fois que vous aurez le choix entre une bonne et une mauvaise personne, vous choisirez la mauvaise.* Vous choisirez le mauvais mari et la mauvaise femme. Ce sera votre châtiment et votre piège pour le reste de votre vie car vous n'êtes pas loyal.

Entre une voiture fiable et une voiture défectueuse, vous choisirez toujours la défectueuse, car quand vous avez été choisi, vous avez été mauvais avec celui qui vous a choisi. Entre un homme bon et un homme mauvais, vous choisirez toujours le mauvais. Vous désirerez des choses mauvaises et vous choisirez les pièges et les embûches, car vous avez été un piège pour ceux qui vous ont aimé.

Vous récolterez les fruits de votre traîtrise au centuple ! Qui sème le vent récolte la tempête !

Nombreux sont ceux qui ne se rendent pas compte que leurs collègues et les personnes sur qui ils s'appuient sont des dons de Dieu. *Absalom disposait des meilleures options, mais il était condamné à toujours choisir ce qui était mauvais.* Lui-même était un mauvais enfant pour son père.

Je prie toujours que Dieu me fasse choisir les bonnes personnes qui ne me causeront pas du tort. Semer et récolter sont des principes éternels de la Parole de Dieu. Quiconque prétend travailler pour Dieu doit respecter la loi.

Chapitre 9

Les fils à faible vision

Il dit encore : Un homme avait deux fils.

Le plus jeune dit à son père: Mon père, donne-moi la part de bien qui doit me revenir. Et le père leur partagea son bien.

Peu de jours après, le plus jeune fils, ayant tout ramassé, partit pour un pays éloigné, où il dissipa son bien en vivant dans la débauche.

Luc 15.11-13

Il y a des fils qui évidemment ont une vision insuffisante dans leur compréhension de ce qu'est un père. Dans ce chapitre, je veux partager ce que je crois sont les caractéristiques de fils à faible vision.

1. **Un fils à faible vision est quelqu'un qui voit sa relation avec son père comme un contrat lié au temps plutôt qu'une expérience de toute une vie.**

Un fils à faible vision voit sa relation avec son père un peu comme une rencontre de courte durée par laquelle il doit passer. Il voit son père comme un conférencier qu'il doit supporter pendant un cours de trois ans à l'université. Cela est en profond contraste avec les relations permanentes et régulières que les fils sont censés avoir avec leurs pères.

Un père est un arbre

Il y a très longtemps, il y avait un grand manguier. Un petit garçon aimait venir jouer autour de cet arbre tous les jours. Il aimait grimper jusqu'au sommet de l'arbre; manger les mangues, faire une sieste à l'ombre du manguier. Il aimait l'arbre et l'arbre aimait jouer avec lui.

Le temps passa et le petit garçon grandit. Il ne jouait plus autour de l'arbre tous les jours. Un jour, le garçon revint à l'arbre avec un air triste. « Viens jouer avec moi, » l'arbre demanda au garçon.

« Je ne suis plus un gamin, je ne joue plus autour des arbres, » répondit le garçon. « Je veux des jouets. J'ai besoin d'argent pour les acheter. »

« Désolé, je n'ai pas d'argent ... mais tu peux cueillir mes mangues et les vendre. Ensuite, tu auras de l'argent. » Le garçon était si content. Il cueillit toutes les mangues sur l'arbre et partit heureux. Le garçon ne revint pas après avoir cueilli les mangues. L'arbre était seul et triste.

Un jour, le garçon revint et l'arbre était tellement content. « Viens jouer avec moi », dit l'arbre. « Je n'ai pas le temps de jouer. Je dois travailler pour ma famille. Nous avons besoin d'une maison pour nous abriter. Peux-tu m'aider? »

« Désolé je n'ai pas de maison. Mais tu peux couper mes branches pour construire ta maison. » Alors le garçon coupa toutes les branches de l'arbre et partit heureux. L'arbre était content de le voir heureux, mais le garçon ne revint pas visiter l'arbre.

L'arbre était seul et triste. Une journée chaude d'été, le garçon revint et l'arbre était si ravi. « Viens jouer avec moi! » dit l'arbre.

Mais le garçon dit, « Je suis si triste et je vieillis. Je veux faire de la voile pour me détendre. Peux-tu me donner un bateau ? »

Le vieux gentil arbre dit, « Tu peux utiliser mon tronc pour construire ton bateau. Tu peux naviguer loin et être heureux. » Donc le garçon coupa le tronc de l'arbre pour faire un bateau. Il alla faire de la voile et ne se présenta pas à nouveau pendant une longue période.

Après plusieurs années le garçon revint au même arbre.

« Désolé, mon garçon, mais je n'ai plus rien pour toi. Plus de mangues pour toi ... » dit l'arbre.

« Je n'ai pas de dents pour mordre dans tous les cas, » répondit le garçon.

L'arbre dit, « Je n'ai plus de tronc pour que tu y grimpes pour jouer. »

« Je suis trop vieux pour ça maintenant, » dit le garçon.

Alors l'arbre dit, « Je ne peux vraiment rien te donner... » « La seule chose qui reste sont mes racines agonisantes, » dit l'arbre, en larmes.

Le garçon répondit, « Je n'ai pas besoin de beaucoup maintenant, juste un endroit pour me reposer. Je suis fatigué après toutes ces années. »

L'arbre lui répondit: « Les racines des vieux arbres sont les meilleurs endroits pour s'adosser et se reposer. Viens t'asseoir avec moi et te reposer. » Le garçon s'assit et l'arbre était heureux et souriant, les larmes aux yeux.

L'arbre c'est le père. Quand nous étions jeunes, nous aimions jouer avec lui. Quand nous avons grandi, nous le quittâmes et ne revînmes à lui que quand nous avons eu besoin de quelque chose ou nous étions en difficultés. Tout au long de la vie et à travers toutes les scènes changeantes de la vie, les pères jouent un rôle envers les enfants présomptueux qui pensent que les pères n'ont rien d'autre à offrir. Les fils présomptueux avec une faible vision disent, « Le temps de mon père est dépassé. Il n'est pas à la page. » Mais le temps, la météo, les éléments et les réalités de la vie se révèleront à tous ces gens-là qu'un père reste toujours un père!

2. Un fils à faible vision voit son père comme quelqu'un qui est démodé.

Beaucoup de pères sont considérés comme des aliments qui ont une date de péremption ou un élément qui est devenu désuet ou hors de propos. Mais un père ne devient jamais hors de propos. En fait, les pères deviennent plus importants avec le temps. Si votre esprit est ouvert et vous avez un esprit d'humilité, vous reconnaîtrez que le père n'est pas démodé ou non pertinent.

C'est par les bontés de Dieu que nous ne sommes pas consumés parce que ses bontés ne sont pas épuisées, Ses compassions ne sont pas à leur terme; ELLES SE RENOUVELLENT CHAQUE MATIN. Oh! Que ta fidélité est grande!

Lamentations 3.22-23

Beaucoup de bénédictions prononcées dans la Bible ont été données par les pères dans les dernières heures de leur vie. Ces paroles prononcées par les vieux pères partant ont touché des générations de personnes. Isaac prophétisa sur ses enfants dans ses derniers jours. Evidemment, il n'était pas devenu dépassé dans la vie de ses enfants. S'il avait été sans importance ce qu'il a dit n'aurait pas été réalisé.

3. Un fils à faible vision voit sa relation avec son père en termes de certaines « parts » qu'il recevra de son père.

Effectivement, un fils à faible vision a une compréhension limitée des choses qu'il recevra de son père. Le fils prodigue s'éloigna de son père après avoir demandé sa « part ».

Certains enfants voient la relation avec leur père en termes d'argent ou d'objets qu'ils peuvent recevoir. Pour cette raison, ils ne bénéficient pas de la vraie bénédiction du père. Par exemple, certains enfants voient un parent comme quelqu'un qui paie leurs frais d'études. En dehors des frais d'études, ils ne s'attendent pas ou ne veulent rien d'autre de leurs pères. Il y a d'autres enfants, comme le garçon dans cette histoire, qui voient leurs parents comme des personnes qui leur donneront un héritage. Ils s'intéressent à l'héritage, en le voyant comme la seule chose importante qu'ils peuvent recevoir de leur père. Certains enfants veulent même que leurs parents meurent pour leur permettre d'acquérir les biens de leurs parents.

En raison de cette vision déficiente ils perdent plusieurs aspects non palpables mais encore plus puissants qu'un père apporte à la vie d'un fils.

4. Un fils à faible vision ne voit pas les contributions invisibles, non-tangibles qu'un père fait par sa présence et son influence.

Il y a beaucoup de choses invisibles et non tangibles que le père apporte dans la vie d'un enfant. Comment pouvez-vous être aussi dépourvus de vision au point de penser que l'utilité de votre père est limitée au paiement de vos frais d'études?

À quel point le fils prodigue était-il dépourvu de vision pour croire que l'utilité de son père était limitée à une part d'héritage! Qu'a-t-il fait avec la part d'héritage ? A-t-il prospéré avec la part d'héritage ? A-t-il réussi avec une part d'héritage ? Sa vie a-t-elle changé bien qu'il eût cette part d'héritage ?

Certainement pas! Il devint plus pauvre et perdit tout, même s'il était parti avec une partie complète de l'héritage. Évidemment, il y avait certaines choses invisibles et peut-être non tangibles que son père possédait qu'il n'avait pas encore reçues. En effet, il avait une partie de l'héritage, mais il n'avait pas reçu la sagesse et la maturité que son père avait à lui transmettre. Sans la sagesse, la prudence et la compréhension de ce qu'est un père, l'argent ne rime souvent à rien.

Un père ne paie pas seulement les frais d'études. Un père de famille assure la stabilité, la sagesse, la direction, l'influence, l'orientation, la sécurité et plein d'autres bénédictions qui ne sont pas palpables.

5. Un fils à faible vision est quelqu'un qui croit qu'il a reçu tout ce qu'il pouvait recevoir de son père.

Un fils à faible vision coupe les liens d'avec le cordon ombilical bien avant le temps. Il est prompt à conclure qu'il a reçu tout ce que le père avait à lui offrir.

Beaucoup de gens estiment qu'ils ont reçu tous les enseignements que leur père avait à leur offrir. J'ai rencontré plein de gens qui se disent: « Je connais ce qu'il enseigne. Je sais ce qu'il a à dire. Je sais ce qu'il fait. » Vous pouvez vous demander, « Comment le sait' il ? » C'est la chose la plus facile dans le monde à percevoir quand vous êtes avec des gens qui pensent qu'ils vous connaissent et qu'ils savent tout sur vous. Rappelez-vous ce que le diable a dit à Jésus: « Je te connais, qui tu es. » C'est par cette façon de penser que les mauvais esprits s'infiltrent pour inspirer aux fils d'abandonner leurs pères ou de quitter la maison paternelle sans autre forme de procédure.

Je remarque souvent des pasteurs qui croient tout savoir sur moi. Je souris au fond de moi pendant qu'ils partent avec une part qu'ils croient avoir reçue seulement pour la gaspiller et la réduire à rien.

Parfois, un père distribue une partie, mais réserve certaines choses qu'il a l'intention de donner tout à la fin. Isaac donna des choses à ses fils seulement à la fin de sa vie, des choses qu'il n'a pas pris la peine de donner plus tôt. Vous vous montrez immature et avec une telle étroitesse d'esprit quand vous croyez que vous êtes partis avec toute la connaissance et la sagesse que votre père possède.

Le maître de karaté

Il était une fois un maître qui était le champion de karaté de toutes les provinces. Il était bien fort dans la technique de donner une centaine de coups de poing, coups de pied, coups de genou et de coude. Il était aussi un expert en cent techniques des mains ouvertes telles que les mains pointues. Il connaissait aussi la technique d'une centaine de prises, serrures de bras et jetés. Avant tout, il avait dix grèves de point essentielles qui étaient ses coups gagnants. Cela a fait un total de trois cent dix techniques de karaté importantes.

Il eut un penchant spécial pour un de ses élèves à qui il enseigna un total de trois cent neuf trucs. D'une manière ou d'une autre, il n'a jamais eu le temps de lui apprendre le tout dernier mouvement essentiel.

Au fil des mois l'élève devint si bon au karaté, qu'il se vantait de pouvoir battre tout le monde, y compris son maître. En effet, il disait que c'était seulement par respect pour son âge et par gratitude pour ce qu'il avait appris qu'il n'humilierait pas son maître. Avec le temps le maître finit par entendre les paroles arrogantes de son élève et décida de lui donner une belle leçon. Volontairement, il se soumit donc à un duel avec son élève et les foules se rassemblèrent pour le spectacle avec le seul jeune homme qui pourrait battre le maître.

Quand le gong retentit, le disciple se précipita sur son maître seulement pour être confronté à la trois cent-dixième technique de karaté qu'il ne connaissait pas. Le maître saisit son ancien élève par la tête et le jeta par terre sous les fortes acclamations de la foule.

Plus tard, quand on lui demanda comment il a été capable de vaincre un jeune homme si fort le maître avoua qu'il avait réservé la trois cent-dixième technique secrète pour lui-même pour de telles éventualités.

En effet, il y a beaucoup de fils et disciples qui pensent qu'ils ont fini de tout apprendre, pour découvrir à leur grande consternation qu'il y en avait beaucoup plus qu'ils auraient pu apprendre.

Chapitre 10

Trois récompenses pour ceux qui honorent leur père

Enfants, obéissez à vos parents, selon le Seigneur, car cela est juste. Honore ton père et ta mère ; (c'est le premier commandement avec promesse), AFIN QUE TU SOIS HEUREUX, ET QUE TU VIVES LONGTEMPS SUR LA TERRE.

Ephésiens 6 : 1-3

1. **La première récompense pour ceux qui honorent leur père : être heureux.**

   1. Quand vous êtes heureux, vous réussissez.

   2. Quand vous êtes heureux, vous surmontez les obstacles.

   3. Quand vous êtes heureux, vous vous accomplissez.

   4. Quand vous êtes heureux, vous vous épanouissez.

   5. Quand vous êtes heureux, vous vous multipliez.

   6. Quand vous êtes heureux, vous guérissez.

   7. Quand vous êtes heureux, vous avez du succès.

   8. Quand vous êtes heureux, vous prospérez.

   9. Quand vous êtes heureux, vous vous développez.

   10. Quand vous êtes heureux, vous vous propagez.

   11. Quand vous êtes heureux, vous gagnez.

   12. Quand vous êtes heureux, vous allez de l'avant.

   13. Quand vous êtes heureux, vous vous portez bien.

14. Quand vous êtes heureux, vous êtes productif.

15. Quand vous êtes heureux, vous vous réalisez.

L'un des plus grands bienfaits est d'être heureux. Qui ne voudrait pas être heureux grâce au Seigneur ? Mais vous ne serez jamais heureux si vous désobéissez à votre père !

Pour un fils, le plus grand bienfait réside dans son obéissance à son père. C'est ce que j'ai remarqué dans les familles nombreuses.

Les fils ou les filles qui obéissent à leurs parents sont différents des enfants rebelles, ils sont indépendants et résistants. C'est un fait que vous découvrirez vous-même.

Un pasteur m'a dit avoir remarqué ce phénomène. Elle a décrit comment certains enfants de son père avaient toujours ignoré ses. « Ce n'est pas simple pour eux aujourd'hui », a-t-elle dit. « Ils ont des problèmes conjugaux. Et ils rencontrent également des difficultés financières. »

Elle a poursuivi : « Je peux voir une nette différence entre ceux d'entre nous qui ont obéi et ceux qui se sont rebellés. »

La différence est nette

Un autre pasteur m'a dit : « je suis issu d'une famille nombreuse, j'ai de nombreux frères et sœurs, mais la différence est nette. »

Il a décrit comment une de ses sœurs s'occupait de son père.

Il m'a dit : « Ma sœur s'est toujours occupée de lui. Elle lui obéissait toujours, et il était toujours satisfait d'elle. »

« En fait, mon père est mort dans ses bras. Il est mort alors qu'elle le cajolait. Même ma mère était absente, mais ma sœur était présente lorsqu'il est mort. »

Aujourd'hui, sa vie est très différente de celle de certains de mes frères et sœurs. Il a commencé à décrire les conditions effroyables du cancer et de la pauvreté qui avaient frappé certains de ses frères et sœurs. Il conclut : « Il y a véritablement une différence entre les enfants qui aiment et honorent leurs parents et ceux qui, se rebellent. »

Un jour, un père est allé faire des courses avec ses deux fils. Alors qu'ils achetaient des habits, le père a suggéré à ses fils : « achetez ces pantalons-ci, ils sont beaux, ils vous iront bien. » Mais les deux fils ont réagi différemment à la suggestion du père.

L'un d'eux avait constamment un avis différent. Il n'aimait pas ce que son père aimait. Il voulait toujours quelque chose de différent. Il a même maugréé et s'est mis en colère car il n'avait pas obtenu ce qu'il voulait.

La réaction de l'autre fils a été très différente. Il a dit : « Ce que tu choisis me convient. J'aime ce que tu choisis pour moi. *Je souhaite ce que tu souhaites pour moi.* »

Vous voyez, ces deux attitudes peuvent avoir des résultats très différents. Le plus grand des bienfaits, c'est d'être heureux. Les filles qui font confiance et obéissent à leur père seront heureuses ! Les fils qui font confiance et obéissent à leur père seront heureux ! Ce principe s'applique à tous les pères, qu'ils soient naturels ou spirituels.

Devenez un fils qui souhaite ce que son père souhaite pour lui. Devenez un fils qui aime ce qu'aime son père. La chrétienté se base sur ce principe : le principe de soumettre votre volonté à celle de votre père. Le principe *d'accepter la volonté du père* plutôt que la vôtre.

Ne soyez pas égoïste. Soumettez-vous à la volonté de votre père. Il est plus sûr et plus simple de dire : « Père, je remets ma vie entre tes mains. » Imitons Jésus, Il est le meilleur exemple à suivre.

2. La deuxième récompense pour ceux qui honorent leur père : vivre longtemps

1. En honorant votre père, vous surmonterez les maladies qui raccourcissent la vie.

2. En honorant votre père, vous survivrez à de nombreuses crises.

3. En honorant votre père, vous ferez fi du danger.

4. En honorant votre père, vous surmonterez de nombreuses difficultés.

5. En honorant votre père, vous vivrez longtemps.

6. En honorant votre père, vous resterez en vie lorsque certains prédisent votre mort.

7. En honorant votre père, vous vivrez pour témoigner.

8. En honorant votre père, vous persisterez dans le ministère.

9. En honorant votre père, vous prolongerez votre vie.

10. En honorant votre père, vous ne coulerez pas.

11. En honorant votre père, vous reviderez.

12. En honorant votre père, vous durerez plus longtemps que les autres.

13. En honorant votre père, vous vivrez plus longtemps que les autres.

14. En honorant votre père, vous résisterez plus longtemps que les autres.

15. En honorant votre père, vous réussirez.

16. En honorant votre père, vous vous renforcerez.

17. En honorant votre père, vous parviendrez à vos fins.

18. En honorant votre père, vous irez jusqu'au bout.

19. En honorant votre père, vous n'abandonnerez jamais.

20. En honorant votre père, vous échapperez à l'emprise du temps.

L'un des plus sûrs moyens de raccourcir votre vie est de déshonorer vos parents. Regardez autour de vous et vous verrez que c'est vrai.

Dans le ministère, votre longévité dépend également de votre relation avec vos pères. La longévité détermine votre durée dans le ministère. Vous rencontrerez toujours des gens ayant une plus grande ancienneté. Il est important d'honorer ces personnes comme des pères. Même si vous avez un ministère différent, vous devez respecter les pères pour ce qu'ils sont.

Jésus et David représentent deux exemples de ministères durables. Le ministère de Jésus dure depuis plus de deux mille ans. Le ministère du Roi David est toujours d'actualité grâce aux Psaumes qu'il a écrits et grâce à la vie qu'il a menée. Si vous voulez survivre et persister au fil des années, apprenez ces principes dès à présent !

3. **La troisième récompense pour ceux qui honorent leur père : recevoir un héritage**

    Et qu'il illumine les yeux de votre cœur, pour que vous sachiez quelle est l'espérance qui s'attache à son appel, quelle est la richesse de la gloire de son héritage qu'il réserve aux saints.

    Ephésiens 1 : 18

Il existe un héritage spirituel. Un « héritage spirituel » se transmet de père en fils.

C'est uniquement quand vous acceptez votre homme de Dieu en tant que *père* que vous recevez un héritage. Un héritage ne se transmet qu'entre *un père* et *ses fils et filles*.

Dans l'histoire d'Elisée, vous remarquerez que son père biologique s'appelait Schaphath.

Il y a ici Elisée, fils de Schaphath [...]

2 Rois 3 : 11

Quand Elie est monté au ciel, Elisée s'est adressé à lui comme à un père. C'était une chose naturelle et qui allait de soi pour lui.

Elisée regardait et criait : Mon père ! Mon père !

2 Rois 2 : 12

Pourquoi est-ce important d'accepter votre homme de Dieu comme un père ? *Parce que les pères laissent derrière eux un héritage pour leurs enfants.* Les gens laissent rarement un héritage à leurs serviteurs, leurs employés, leurs amis ou leurs collègues. L'héritage est censé revenir aux enfants !

Une personne ayant un héritage est très différente d'une personne sans héritage. Une personne ayant un père reçoit des conseils pour la vie. Une personne n'ayant pas de père mène une vie difficile.

Je n'ai jamais travaillé quand j'étais à l'université. Mon père a pourvu à mes besoins jusqu'à ce que je devienne médecin. La somme qu'il me donnait chaque mois quand j'étais étudiant était plus élevée que mon salaire de médecin. Mon père m'a acheté une voiture neuve quand j'étais en cinquième année de médecine. J'étais béni d'avoir un bon père qui s'occupait de moi. *Ma vie d'étudiant n'a jamais été « difficile » car j'avais un père !* Mais ce n'est pas le cas pour beaucoup de gens.

J'ai rencontré bon nombre de gens qui n'ont pas reçu de conseils dans leur vie. Ils ont gâché leur talent et n'ont rien fait de leur vie car ils n'avaient pas de père pour les guider. Je connais beaucoup de gens qui ne connaissent même pas leur père.

La situation est encore pire pour les orphelins ! Les orphelins sont confrontés à de nombreux problèmes. L'avenir d'un orphelin est très aléatoire. Il en va de même du ministère. Quand personne n'est là pour vous influencer en bien, votre ministère est une lutte permanente. Même si j'ai eu différents pères dans le ministère, j'étais parfois orphelin de père concernant mon développement en tant que pasteur.

J'ai eu des pères dans le ministère venant de loin. J'ai dû faire face à différents problèmes car je n'ai pas été soutenu par mes pères proches. Bien des problèmes et des frustrations auxquels j'ai été confronté dans le ministère auraient été évités si j'avais reçu de l'aide.

En fait, les gens qui auraient dû être des pères pour moi quand j'ai créé mon église se sont comportés en ennemis. Ils se sont opposés à ma cause et m'ont attaqué.

Un héritage est transmis naturellement par un père à ses enfants. Dans le ministère, l'héritage spirituel se transmet naturellement de père en fils. Quand mon père est mort, on m'a lu son testament au tribunal. Il avait légué ses biens à ses enfants. Même s'il avait de nombreux employés et des amis, il ne leur a rien légué. Tout est revenu à ses enfants. Cher ami, c'est la réalité de la vie. L'héritage se transmet toujours aux enfants et pas aux collègues ou aux amis.

Il existe un héritage spirituel. L'héritage spirituel de l'onction et des dons se transmet naturellement de père en fils. Il ne se transmet pas de père en père, collègues ou amis. Il ne se transmet même pas de père en serviteurs. Il se transmet *de père en fils.*

Bonjour, « patron »

J'avais sous mes ordres un pasteur qui préférait m'appeler « patron ». Sans bien savoir pourquoi, je me suis toujours senti mal à l'aise quand il m'appelait « patron ». Quand quelqu'un vous appelle « patron », cela signifie que cette personne se considère comme un simple employé. Quelques années plus tard, ce pasteur à quitté l'église dans des circonstances difficiles. J'ai soudain compris pourquoi je m'étais senti mal à l'aise. Un serviteur ou un employé ne vous accompagne pas éternellement. Il reste quelque temps et part quand ça l'arrange.

Or, l'esclave ne demeure pas toujours dans la maison ; le fils y demeure toujours.

Jean 8 : 35

Si vous avez une relation avec un homme de Dieu et qu'elle se transforme en relation de père à fils, vous pouvez vous attendre à ce qu'il vous transmette facilement un héritage spirituel.

Chapitre 11

Sept pouvoirs surnaturels d'un père

1. Le pouvoir surnaturel d'un père à constituer un marchepied.

Et Siméon les bénit, et dit à Marie sa mère : Voici, CET *ENFANT* est mis pour la chute et le relèvement de beaucoup en Israël, et pour un signe contre lequel on parlera ;

Luc 2 : 34 (BKJF)

Par sa simple existence, un père permet à ses enfants d'aller plus haut. Le passage ci-dessus nous montre comment la présence du Christ a provoqué la chute et le redressement d'un grand nombre. Un père occupe une place surnaturelle qui conduit à l'élévation et la progression de ses fils.

Les pères n'ont pas besoin de prononcer une bénédiction pour être une bénédiction envers leurs fils. Il leur suffit d'exister, et leurs enfants seront bénis. La plupart des pères ne disent rien de particulier à leurs enfants. L'existence même du père constitue une bénédiction pour son enfant.

C'est pourquoi les gens sont tristes pour les enfants qui ont perdu leur père. Ce n'est pas l'absence de paroles de bénédiction ou de malédiction qu'ils déplorent. C'est la disparition du père qui est un problème. Cette absence aura un impact indescriptible sur l'enfant.

2. Le pouvoir surnaturel d'un père à constituer une pierre d'achoppement.

Un père n'a pas besoin de prononcer une malédiction pour causer des problèmes à ses fils. Par sa simple existence, un père peut provoquer la chute de son fils. Parce que les pères ne sont pas parfaits, il est facile de les critiquer et de les déshonorer. Souvent, les fils ont l'impression que leur père est étrange, dépassé.

Du fond de sa prison, Jean apprit tout ce que faisait le Christ. Il envoya auprès de lui deux de ses disciples.

Ils lui demandèrent : Es-tu celui qui devait venir ou bien devons-nous en attendre un autre ?

Et Jésus leur répondit : Retournez auprès de Jean et racontez-lui ce que vous entendez et voyez :

Les aveugles voient, les paralysés marchent normalement, les lépreux sont guéris, les sourds entendent, les morts ressuscitent, la Bonne Nouvelle est annoncée aux pauvres.

Et BENI EST CELUI qui ne trébuchera pas à cause de moi.

Matthieu 11 : 2-6 (BKJF)

Jésus dit que celui qui ne trébucherait pas à cause de Lui serait béni. Jésus savait que malgré Ses bonnes œuvres, il offenserait certaines personnes. Il suffit d'un rien pour offenser les gens ! Presque tout offense les gens. Les fils irritables peuvent facilement prendre ombrage et se montrer amers envers leur père. Les fils qui tombent dans ce piège et déshonorent leur père n'en tireront qu'une malédiction de proportion biblique !

Cette malédiction sera-t-elle prononcée et si oui, quand ? Ce que vous devez comprendre, c'est que les pères n'ont nul besoin de prononcer eux-mêmes cette malédiction. Qu'ils la prononcent ou non n'a pas d'importance. La parole de Dieu contient de nombreuses malédictions écrites à l'encontre des fils qui déshonorent leur père d'une manière ou d'une autre. Ainsi, un père n'ayant jamais prononcé de malédiction peut tout à fait provoquer une malédiction à l'encontre de ses enfants.

3. Le pouvoir surnaturel d'un père de prononcer une malédiction.

Les pères ont le pouvoir de bénir et de maudire. Ils occupent une position d'autorité accordée par le Seigneur. Une énergie incroyable est libérée quand un père prononce une bénédiction sur son fils.

Sur terre, trois groupes ont reçu l'autorité divine. Au niveau familial, c'est le père qui est investi de l'autorité. Au niveau national, c'est le gouvernement qui est investi de l'autorité divine et dans le cadre de l'église, c'est le pasteur qui est investi de cette autorité.

Que toute personne soit soumise aux autorités supérieures ; car il n'y a point d'autorité qui ne vienne de Dieu, et les autorités qui existent ont été instituées de Dieu. C'est pourquoi celui qui s'oppose à l'autorité résiste à l'ordre que Dieu a établi, et ceux qui résistent attireront une condamnation sur eux-mêmes.

Romains 13 : 1-2

Notre relation avec ces autorités est vitale pour notre existence sur terre. Tout père que Dieu nous a assigné est une autorité dans notre vie.

Si l'esprit de celui qui domine s'élève contre toi, ne quitte point ta place ; car le calme prévient de grands péchés.

Ecclésiaste 10 : 4

Un jour, je discutais avec des pasteurs quand j'ai entendu quelqu'un décrire ses malheurs. Son fils était dans le coma et il avait dépensé tout son argent pour tenter de sauver sa vie. Il était sans le sou et désespéré. Avec ses propres mots, il décrivit ce qu'il pensait être à l'origine de cette situation difficile.

Il avait eu un désaccord avec une personne investie d'une autorité. Alors qu'il la quittait, celle-ci lui déclara : « Ne compte plus sur ma protection. »

« C'était le début de mes ennuis », dit-il.

Les hommes spirituels comprennent les principes spirituels. Efforcez-vous d'être béni plutôt que maudit par les personnes investies d'une autorité.

Malédictions mortelles

La malédiction d'un père est mortelle ! Un père est une personne investie d'autorité, et ses paroles ont le soutien des cieux. Etre père, c'est posséder une position spirituelle. Les paroles émanant de cette position sont puissantes et ne doivent pas être prises à la légère. La Bible est remplie d'exemples de malédictions et de bénédictions.

La malédiction de Cham

Noé était une sorte d'Adam dans le sens où il était le seul homme sur terre et il a dû repeupler la terre avec ses enfants. Noé a construit l'arche et a échappé à l'inondation. Sa famille et lui ont été les seuls à survivre à l'inondation.

Mais un jour, un événement encore plus marquant que l'inondation s'est produit. C'est le jour où Noé a trop bu et s'est allongé nu dans sa tente. Un de ses fils, Cham, l'homme à la peau sombre, a révélé la nudité de son père. Mais ses deux autres enfants l'ont recouvert.

Quand Noé s'est réveillé, il a proféré une des réprimandes les plus terrifiantes de tous les temps. Il lança « la malédiction du serviteur des serviteurs » contre son fils. Ces paroles dirigées contre le fils à la peau sombre ont eu un effet que l'on peut toujours ressentir aujourd'hui.

Partout dans le monde, les Noirs sont traités comme des personnes de second rang. Des milliards de dollars ont été dépensés pour financer des guerres et libérer le peuple oppressé en Irak. Mais rien n'incite à empêcher le massacre des fils et des filles du Liberia et de Sierra Leone.

Une récompense de *vingt millions de dollars* a été offerte pour toute information menant à la capture de Saddam Hussein ou de ses deux fils.

Mais en Afrique, seulement *vingt mille dollars* ont été offerts pour la capture du terroriste africain Mohammed Farrah Aideed.

Partout dans le monde, les Noirs sont victimes de la malédiction de Noé. Le continent occupé par les Noirs est souvent considéré comme un continent de seconde zone habité par des gens inférieurs. Mais c'est le continent le plus riche en ressources naturelles. Certaines des plus grandes mines d'or se trouvent dans des pays africains comme la Tanzanie, le Ghana et l'Afrique du Sud.

Sur chaque continent, les régions habitées par les Noirs sont considérées comme inférieures. Qu'il s'agisse des Noirs en Amérique du Nord ou du Sud, en Australie ou en Europe, le constat est le même. Il s'agit de serviteurs ou de serviteurs de serviteurs.

Comment se fait-il que ce soit le cas partout dans le monde ? Il a été démontré que les Noirs sont aussi intelligents que les Blancs. La navette spatiale américaine qui s'est écrasée comptait un astronaute noir à bord. Les Noirs sont capables des mêmes réussites universitaires que les Blancs.

Le président des Etats-Unis d'Amérique, le meilleur joueur de golf, la femme la plus riche, le meilleur joueur de basket, les athlètes masculins et féminins les plus rapides, les plus grands et les plus riches boxeurs sont tous noirs. Le roi de la pop et le chanteur de musique chrétienne ayant vendu le plus de disques sont tous les deux noirs.

Mais la malédiction continue à frapper les Noirs. Les paroles proférées par le père à l'encontre du fils continuent à avoir un effet de nos jours. Ce modèle de servitude est toujours valable.

Gérer sa relation avec les pères

L'un des conseils les plus avisés que l'on puisse recevoir est de faire attention à ses relations avec ses pères.

Quand les jeunes tombent amoureux, ils oublient souvent l'importance d'honorer leurs parents et de leur obéir. Ce n'est que récemment que j'ai complètement compris ce principe. Je ne l'ai vraiment apprécié que quand deux jeunes femmes sont mortes prématurément après s'être mariées contre la volonté de leurs parents.

L'un des maris a décrit à quel point la famille de sa femme était opposée à leur union. Mais il a insisté et l'a épousée contre la volonté de ses parents. Cette jeune femme a été atteinte d'une étrange forme de paralysie. À sa mort, son mari a dû s'occuper de leurs enfants en bas âge.

Se marier contre l'avis de son père

Je me rappelle être resté au chevet d'une mourante, une jeune femme de 25 ans, à l'hôpital. Son père était opposé à son mariage, mais elle ne l'avait pas écouté et s'était mariée sans son consentement.

Grâce à mon expérience en tant que médecin, je sais quand une personne va mourir. Il me suffit de regarder son visage. J'étais pétrifié lorsque je me suis assis sur son lit. Elle a posé la main sur mon genou et m'a dit : « Monsieur l'évêque, avez-vous peur ? » Malheureusement, j'ai menti. J'avais une peur bleue. Mais j'ai dit que je n'avais pas peur.

Alors elle m'a dit : « N'ayez pas peur, je ne vais pas mourir. » Mais je savais que c'était faux. J'ai posé ma main sur sa tête et j'ai senti plusieurs bosses qui semblaient être des lésions cancéreuses métastatiques sur son crâne. Elle était atteinte d'un cancer rare et incurable qui s'était généralisé. Cette maladie était tellement étrange qu'elle n'a été entièrement diagnostiquée qu'après sa mort.

Elle est morte dans d'horribles souffrances, je n'ai jamais pu l'oublier. Durant son agonie, j'ai pensé constamment au fait qu'elle avait désobéi à son père. La malédiction du père doit être évitée à tout prix. Obéissez, soyez en paix avec les pères que Dieu vous envoie. Dieu les met sur votre route pour votre bien.

Que toute personne soit soumise aux autorités supérieures; car il n'y a point d'autorité qui ne vienne de Dieu et les autorités qui existent ont été instituées de Dieu. C'est pourquoi celui qui s'oppose à l'autorité résiste à l'ordre que Dieu a établi, et ceux qui résistent attireront une condamnation sur eux-mêmes. Ce n'est pas pour une bonne action, c'est pour une mauvaise, que les magistrats sont à redouter. Veux-tu ne pas craindre l'autorité ? Fais-le bien, et tu auras son approbation.

Romains 13 : 1-3

L'œil qui se moque de son père et qui méprise l'obéissance envers sa mère, les corbeaux de la vallée le déchireront et les petits de l'aigle le dévoreront.

Proverbes 30 : 17 (BKJF)

4. Le pouvoir surnaturel d'un père de prononcer une bénédiction.

Isaac devenait vieux, et ses yeux s'étaient affaiblis au point qu'il ne voyait plus. Alors Isaac, son père, lui dit : Que Dieu te donne de la rosée du ciel Et de la graisse de la terre, Du blé et du vin en abondance ! Que des peuples te soient soumis, Et que des nations se prosternent devant toi ! Sois le maître de tes frères, Et que les fils de ta mère se prosternent devant toi ! Maudit soit quiconque te maudira, Et béni soit quiconque te bénira.

Genèse 27 : 1, 26, 28, 29

Après ces choses, l'on vint dire à Joseph : Voici, ton père est malade [...] Il les bénit ce jour-là et dit : C'est par toi qu'Israël bénira [...]

Genèse 48:1, 20

Malheureusement, les hommes confondent faiblesse physique et faiblesse spirituelle. Ils présument que la vieillesse, la maladie et les problèmes réduisent l'autorité spirituelle. C'est l'une des plus grandes impostures.

Isaac était *un vieil aveugle*. Il ne parvenait plus à voir la différence entre ses deux fils, Jacob et Esaü. Isaac a été trompé par Jacob, c'est ce dernier qui a été béni.

Il dit : C'est toi qui es mon fils Esaü ? Et Jacob répondit : C'est moi. Jacob s'approcha, et le baisa [...]

puis il le bénit, et dit : Voici [...] l'ETERNEL a béni. Que Dieu te donne de la rosée du ciel Et de la graisse de la terre, Du blé et du vin en abondance ! Que des peuples te soient soumis, Et que des nations se prosternent devant toi ! Sois le maître de tes frères Et que les fils de ta mère se prosternent devant toi ! Maudit soit quiconque te maudira Et béni soit quiconque te bénira.

Genèse 27 : 24, 27-29

Ne vous laissez pas tromper par la cécité et la faiblesse de votre père. Il reste votre père. Ceci est la plus grande leçon de ce chapitre. Si un père aveugle peut prononcer une bénédiction qui se réalise, nous devons craindre les paroles paternelles.

On entend souvent des gens médire leur père. Ils les décrivent comme des gens irresponsables qui ne s'occupent pas d'eux. Ils veulent ne rien avoir à faire avec leur père. Dans notre jeunesse, nous considérons parfois que notre père est ignorant, excentrique et qu'il ne nous sert à rien.

Malheureusement, certains jeunes prennent le parti de leur mère et défient leur père. C'est une terrible erreur qui se paie au prix fort. Certains sont frappés de stérilité, d'autres meurent. Oui, cet homme est peut-être aveugle, irresponsable et dupe, mais c'est toujours un père.

Dans leur vieillesse, de nombreux hommes de Dieu ont l'air épuisés par les batailles et semblent las. On les présente souvent comme des héros déchus, des hommes du passé, des fantômes oubliés ! Personne ne s'intéresse à eux. Mais ce sont ces personnes « aveugles et trompées » qui vous ont élevé et qui vous légué l'héritage que vous avez aujourd'hui.

Quand Cham a révélé la nudité de son père saoul, il a oublié une chose. Il a oublié que si son père n'avait pas construit l'arche, il se serait noyé. Il se serait noyé avec le reste du monde. Son corps aurait été dévoré par les requins, les barracudas, les harengs, les thons, les piranhas et les poissons rouges !

Cè qu'il ne savait pas, c'est que grâce à la foi de son père, le monde entier avait été sauvé. Ce qu'il ne savait pas, c'est que Dieu avait pris note de cet acte de foi et l'avait considéré comme de la vertu. *Cham déshonorait quelqu'un que Dieu avait honoré.*

Puissions-nous ne jamais faire partie de ceux qui déshonorent les pères que Dieu a honorés !

5. Le pouvoir surnaturel d'un père à protéger ses enfants.

Il te couvrira de ses plumes, Et tu trouveras un refuge sous ses ailes ; Sa fidélité est un bouclier et une cuirasse.

Psaumes 91 : 4

Jésus et Son Père

Jésus a compris le pouvoir de Son Père. Sur la croix, ses dernières paroles ont été pour confier Son esprit à Son Père. « *Père*, je place mon esprit entre tes mains. »

Grâce à ces paroles, Il a permis à Son âme d'échapper à la mort et il l'a confiée à Son Père.

Il faisait confiance à Son père, et même proche de la mort, Il savait qui avait le pouvoir de Le secourir. C'est le pouvoir d'un père, et Jésus le respectait. Il n'est pas étonnant que Ses dernières paroles sur terre aient montré la puissance d'un père.

Je les attaquerai, comme une ourse à qui l'on a enlevé ses petits ; Et je déchirerai l'enveloppe de leur cœur ; Je les dévorerai, comme une lionne ; Les bêtes des champs les mettront en pièces.

Osée 13 : 8

Les parents sont investis du pouvoir surnaturel de protéger leurs enfants. Tous les animaux sont prêts à risquer leur vie pour protéger leurs petits. La force surnaturelle d'affronter n'importe quel ennemi qui menace un enfant est un don de Dieu.

Quand Dieu vous donne un père, il s'attaquera à vos ennemis comme une ourse privée de ses petits.

Personne n'est autant enclin à se sacrifier qu'un père protégeant son enfant. Les pères ont reçu le don surnaturel de se battre pour protéger la vie de leurs enfants.

6. Le pouvoir surnaturel d'un père à savoir ce qui est juste

Enfants, obéissez à vos parents, selon le Seigneur, car cela est juste.

Ephésiens 6 : 1

Nous cherchons souvent à savoir quoi faire. Dois-je faire *ceci* ou *cela* ? Qu'est-ce qui est *juste* et qu'est-ce qui est *mauvais* ? Souvent, les parents savent ce qui convient le mieux à leurs enfants. La plupart des parents agissent dans l'intérêt de leurs enfants. C'est pourquoi leurs paroles sont souvent justes.

Le passage ci-dessus montre clairement qu'il est juste d'obéir à ses parents. A partir de maintenant, quand vous voulez savoir ce qui est juste, pensez aux instructions que vous ont données vos parents.

Les pères spirituels possèdent le pouvoir surnaturel de savoir ce qui est juste pour leurs enfants spirituels. Ce que dit le père est souvent juste. Impossible de faire plus simple ! Obéir aux pères est juste !

7. Le pouvoir surnaturel d'un père à nourrir ses enfants.

Quand un enfant naît, la mère produit du lait de manière surnaturelle afin de nourrir l'enfant. Avant que la mère ne tombe enceinte, ses seins ne sont que deux boules de graisse. Ils sont complètement dépourvus de lait. Il est incroyable que les glandes qui sécrètent le lait se développent simplement parce qu'un enfant est attendu.

De la même manière, Dieu accorde des pouvoirs surnaturels à Ses pères et mères afin qu'ils nourrissent Ses enfants. Un pasteur qui a reçu l'onction de Dieu possède le pouvoir surnaturel de diriger son troupeau et de lui fournir la nourriture spirituelle dont il a besoin.

Il est merveilleux qu'un homme puisse nourrir spirituellement la même congrégation pendant plus de trente ans. On peut se demander d'où lui viennent ses messages. On peut se demander si la congrégation finit par en avoir assez. La plupart des membres de la congrégation sont tellement attachés à ce berger qu'ils ne semblent pas comprendre les autres prêcheurs.

Dieu accorde au père le pouvoir surnaturel de nourrir ses enfants.

Chapitre 12

Comment les pères causent l'ascension et la chute de beaucoup

[...] cet enfant est destiné à amener la chute et le relèvement de plusieurs [...]

Luc 2 : 34

C'est une ancienne prophétie à propos de Jésus Christ, notre Seigneur et Roi, et de Son influence sur de nombreuses personnes. À travers Lui, de nombreuses personnes connaissent la grandeur et à travers Lui, de nombreuses personnes connaissent la décadence. Jésus Christ est notre berger, notre Seigneur, notre Sauveur et notre Roi. De manière surprenante, Il a causé la grandeur et la chute de nombreuses personnes. Jésus n'a pas seulement causé le bonheur de certains, il a causé la chute et la destruction de ceux qui ont mal agi envers Lui.

Les pères affectent leurs fils de deux manières. Ils peuvent bénir leurs enfants et causer leur grandeur, ou les maudire et causer leur chute. Le père et tout ce qu'il représente peut également provoquer certaines réactions chez ses enfants. Ces réactions varient selon chaque enfant et peuvent causer sa grandeur ou sa chute. Quand un enfant réagit mal envers un père, il risque de s'attirer les effets négatifs des malédictions anciennes. Nul besoin de posséder une grande expérience pour découvrir ce qui arrive à ceux qui réagissent mal envers leur père.

Ce livre a pour but de révéler les bienfaits et les dangers présents dans la relation avec un père. De nombreuses personnes ne reconnaissent pas le pouvoir et l'autorité d'un père. Un père est quelqu'un qui vous donne la vie. C'est ce qui lui confère autant d'autorité et de puissance dans votre vie.

Vous trouverez ci-dessous une liste de versets montrant la grandeur et la décadence de certains fils au travers de leurs relations avec leur père.

1. **Les pères frappent la terre d'une malédiction quand leurs cœurs sont éloignés de leurs fils.**

   Et il tournera le cœur des pères vers les enfants, et le cœur des enfants vers leurs pères, de peur que je ne vienne et que je ne frappe la terre d'une malédiction.

   Malachie 4 : 6 (BKJF)

2. **Les pères frappent la terre d'une malédiction quand les cœurs des fils sont éloignés du père.**

   Et il tournera le cœur des pères vers les enfants, et le cœur des enfants vers leurs pères, de peur que je ne vienne et que je ne frappe la terre d'une malédiction.

   Malachie 4 : 6 (BKJF)

3. **Noé a causé l'ascension de son fils Sem en le bénissant.**

   Il dit encore : Béni soit l'ETERNEL, Dieu de Sem, et que Canaan soit leur esclave !

   Genèse 9 : 26

4. **Noé a permis l'ascension de son fils Japhet en prédisant l'accroissement de ses possessions.**

   Que Dieu étende les possessions de Japhet, qu'il habite dans les tentes de Sem, et que Canaan soit leur esclave !

   Genèse 9 : 27

5. **Isaac a permis l'ascension de son fils Jacob en bénissant ceux qui le bénissaient et en maudissant ceux qui le maudissaient.**

   Que Dieu te donne de la rosée du ciel Et de la graisse de la terre, Du blé et du vin en abondance !

   Que des peuples te soient soumis, Et que des nations se prosternent devant toi ! Sois le maître de tes frères Et que les fils de ta mère se prosternent devant toi ! Maudit soit quiconque te maudira Et béni soit quiconque te bénira.

   Genèse 27 : 28-29

Isaac appela Jacob, le bénit...

Que le Dieu tout puissant te bénisse, te rende fécond et te multiplie, afin que tu deviennes une multitude de peuples !

Qu'il te donne la bénédiction d'Abraham, à toi et à ta postérité avec toi, afin que tu possèdes le pays où tu habites comme étranger, et qu'il a donné à Abraham !

Genèse 28 : 1-4

6. Jacob a permis l'ascension de son fils Juda en le bénissant de nombreuses fois.

Juda, tu recevras les hommages de tes frères; Ta main sera sur la nuque de tes ennemis. Les fils de ton père se prosterneront devant toi.

Juda est un jeune lion. Tu reviens du carnage, mon fils ! Il ploie les genoux, il se couche comme un lion, Comme une lionne : qui le fera lever ?

Le sceptre ne s'éloignera point de Juda, Ni le bâton souverain d'entre ses pieds, Jusqu'à ce que vienne le Schilo, Et que les peuples lui obéissent.

Il attache à la vigne son âne, Et au meilleur cep le petit de son ânesse; Il lave dans le vin son vêtement, Et dans le sang des raisins son manteau.

Il a les yeux rouges de vin Et les dents blanches de lait.

Genèse 49 : 8-12

7. Jacob a permis l'ascension de son fils, Zabulon, en étendant ses limites.

Zabulon habitera sur la côte des mers, Il sera sur la côte des navires, Et sa limite s'étendra du côté de Sidon.

Genèse 49 : 13

8. Jacob a permis l'ascension de son fils Gad en prophétisant qu'il finirait par réussir.

Gad sera assailli par des bandes armées, Mais il les assaillira et les poursuivra.

Genèse 49 : 19

9. **Jacob a permis l'ascension de son fils Aser par ses bénédictions.**

Aser produit une nourriture excellente; Il fournira les mets délicats des rois.

Genèse 49 : 20

10. **Jacob a permis l'ascension de son fils Joseph en prédisant que Dieu serait avec lui et en lui donnant une part de plus qu'à ses frères.**

Israël dit à Joseph : Voici, je vais mourir ! Mais Dieu sera avec vous, et il vous fera retourner dans le pays de vos pères.
Je te donne, de plus qu'à tes frères, une part que j'ai prise de la main des Amoréens avec mon épée et avec mon arc.

Genèse 48 : 21-22

C'est l'œuvre du Dieu de ton père, qui t'aidera ; C'est l'œuvre du Tout puissant, qui te bénira Des bénédictions des cieux en haut, Des bénédictions des eaux en bas, Des bénédictions des mamelles et du sein maternel.
Les bénédictions de ton père s'élèvent au-dessus des bénédictions de mes pères Jusqu'à la cime des collines éternelles : Qu'elles soient sur la tête de Joseph, Sur le sommet de la tête du prince de ses frères !

Genèse 49 : 25-26

11. **Jacob a permis la grandeur de son fils Benjamin en déclarant qu'il partagerait le butin.**

Benjamin est un loup qui déchire ; Le matin, il dévore la proie, Et le soir, il partage le butin.

Genèse 49 : 27

12. **Jacob a permis la grandeur de ses petits-fils Manassé et Ephraïm en les appelant de son nom.**

Que l'ange qui m'a délivré de tout mal, bénisse ces enfants ! Qu'ils soient appelés de mon nom et du nom de mes pères, Abraham et Isaac, et qu'ils multiplient en abondance au milieu du pays !

Genèse 48 : 16

13. Jacob a permis la grandeur de son petit-fils Ephraïm, plutôt que celle de son frère aîné, Manassé, en déclarant que le cadet serait plus grand que lui.

Son père refusa, et dit : Je le sais, mon fils, je le sais; lui aussi deviendra un peuple, lui aussi sera grand; mais son frère cadet sera plus grand que lui, et sa postérité deviendra une multitude de nations.

Il les bénit ce jour-là, et dit : c'est par toi qu'Israël bénira, en disant : Que Dieu te traite comme Ephraïm et comme Manassé ! Et il mit Ephraïm avant Manassé.

Genèse 48 : 19-20

14. Un père cause la chute de ses fils en laissant les corbeaux et les aigles déchirer les yeux des enfants qui les méprisent.

L'œil qui se moque de son père et qui méprise l'obéissance envers sa mère, les corbeaux de la vallée le déchireront et les petits de l'aigle le dévoreront.

Proverbes 30 : 17 (BKJF)

15. Noé a causé la chute de son fils Canaan en le condamnant à devenir l'esclave d'esclaves.

Lorsque Noé se réveilla de son vin, il apprit ce que lui avait fait son fils cadet. Et il dit : Maudit soit Canaan ! Qu'il soit l'esclave des esclaves de ses frères !

Genèse 9 : 24-25

16. Jacob a causé la chute de son fils Ruben en déclarant qu'il n'aurait pas la prééminence.

Ruben, toi, mon premier-né, Ma force et les prémices de ma vigueur, Supérieur en dignité et supérieur en puissance, impétueux comme les eaux, tu n'auras pas la

prééminence ! Car tu es monté sur la couche de ton père,
Tu as souillé ma couche en y montant.

Genèse 49 : 3-4

17. Jacob a causé la chute de ses fils Siméon et Lévi en déclarant qu'ils seraient dispersés.

Siméon et Lévi sont frères ; Leurs glaives sont des instruments de violence. Maudite soit leur colère, car elle est violente, Et leur fureur, car elle est cruelle ! Je les séparerai dans Jacob, Et je les disperserai dans Israël.

Genèse 49 : 5,7

18. Isaac a causé la chute de son fils Esaü en déclarant qu'il serait asservi à son frère.

Isaac, son père, répondit, et lui dit : Voici ! Ta demeure sera privée de la graisse de la terre Et de la rosée du ciel, d'en haut.

Tu vivras de ton épée, Et tu seras asservi à ton frère; Mais en errant librement çà et là, Tu briseras son joug de dessus ton cou.

Genèse 27 : 39-40

Isaac, son père, lui a dit : « Tu vivras des fruits de la terre et de ton épée. Et tu seras asservi à ton frère, mais en errant librement çà et là, Tu briseras son joug de dessus ton cou. »

Genèse 27 : 39-40 (BKJF)

Chapitre 13

Quatre caractéristiques d'un père

N'importe quel homme de Dieu n'est pas père. Il y a des pasteurs, des apôtres, des enseignants et des évangélistes qui ne sont pas des pères. À l'opposé, il y a des pasteurs, des apôtres, des enseignants et des évangélistes qui sont des pères.

N'importe laquelle de ces vocations peut revêtir l'aspect de la paternité. La paternité ajoute une dimension supplémentaire d'amour à votre vocation dans le ministère.

1.   Un père est capable d'engendrer des fils et des filles.

L'âge n'est pas la caractéristique principale d'un père. Malheureusement, la plupart des gens associent la vieillesse à la paternité. Le contraire est vrai. La plupart d'entre nous sommes devenus père lorsque nous avions une vingtaine d'années.

Nous développons et nous perfectionnons l'art d'être un père au fil du temps. La caractéristique principale d'un père, c'est sa capacité à avoir une progéniture. Un exemple classique de cette vérité peut être observé dans l'existence de deux prophètes, Elie et Elisée. Même si l'onction d'Elisée était plus importante que celle d'Elie, il n'a eu ni successeur ni fils dans le ministère. Elisée avait maudit le seul fils que Dieu lui avait accordé (Guéhazi). Au lieu de devenir un fils dans le ministère, Guéhazi est devenu lépreux ! Elisée a également maudits des enfants pour s'être moqués de lui. Apparemment, il n'avait pas de temps à consacrer aux enfants.

La double onction qu'il a reçue n'en a pas fait un père.

2.   Un père déborde de pardon.

Elie a été abandonné par son premier serviteur, mais il en a pris un autre (Elisée). Il a eu le courage de recommencer.

L'Éternel lui dit : Va [...] et tu oindras Elisée, fils de Schaphath, d'Abel Mehola, pour être prophète à ta place.

1 Rois 19 : 15-16

Quand Elisée a désobéi et a refusé de rester à Jéricho, en Jordanie, à Guilgal ou à Béthel, Elie ne s'est pas mis en colère et ne l'a pas maudit. Au lieu de cela, il a écouté la requête d'Elisée : recevoir une double onction.

Les hommes de Dieu qui ne deviennent pas pères souffrent souvent d'idéalisme et de perfectionnisme.

Ce sont des illusions qui nous empêchent de connaître la grâce de la paternité. Personne n'est parfait et les gens frappés par cette illusion attaquent les enfants de Dieu qui font des efforts pour s'améliorer.

Les hommes incapables de devenir pères n'ont pas de temps pour les imperfections et les erreurs. Cette illusion frustre la grâce de Dieu. La grâce de Dieu nous aide à gravir la montagne jusqu'à ce que nous atteignions le pic de la perfection. Si Dieu avait dû attendre que nous soyons parfaits, Il n'aurait jamais pu se servir de nous. Aucun des apôtres n'auraient correspondu à cet idéal de perfection.

3. Un père a une patience infinie.

Quiconque est très patient aura de nombreux enfants. Les pères sont capables d'attendre que les gens changent et s'améliorent. Un père sera là quand le changement finit par se produire. Un père a de la place pour toutes sortes de personnes dans son cœur. Il est capable de voir qu'après plusieurs échecs, une étoile est née.

C'est pourquoi le père du fils prodigue a demandé la plus belle robe et un anneau pour le retour du misérable. Vous pouvez remarquer que le frère aîné, qui n'avait aucune qualité de père, s'est mis en colère au retour de son frère !

Le cœur d'un père sait être patient avec ses fils et filles potentielles. Si le cœur de notre Père Céleste n'avait pas été rempli d'amour, lequel d'entre nous serait un fils, aujourd'hui ?

4. Un père subvient aux besoins de ses enfants.

Le rôle du père est clairement défini dans le Notre Père : nous demandons à notre Père de nous donner notre pain quotidien. Nous Lui demandons aussi de nous délivrer du mal et de nous aider. Un vrai père aide ses enfants et subvient à leurs besoins.

Être honoré et recevoir des cadeaux n'est pas la fonction principale d'un père. C'est le contraire. Subvenir aux besoins de ses enfants est le devoir principal d'un père.

Si vous avez de la chance, certains de vos enfants se souviendront de vous et vous honoreront. Etre honoré et recevoir n'est qu'un privilège auquel vous aurez peut-être droit en tant que père.

Un père doit conseiller ! Un père doit protéger ! Un père doit subvenir aux besoins de ses enfants.

Chapitre 14

Vingt raisons pour un fils d'être un « *Allos* »

L e but d'avoir un fils est de produire une autre personne semblable à vous. Dieu a un dessein unique pour les fils : ils doivent être semblables à leur père. Le dessein unique de Dieu pour toute la création, est que les parents procréent un autre individu de la même espèce.

« *Allos* » est un mot grec très important, il signifie « *un autre de la même espèce* ». « *Hétéros* » signifie le contraire, « un autre d'une espèce différente ». Hétéros sert à décrire quelqu'un ou quelque chose de similaire, mais d'un peu différent.

L'une des plus grandes illusions des fils est de penser : « Je suis quelqu'un de spécial, de nouveau et d'original, le monde n'attendait que moi. » C'est une erreur de penser : « Je suis meilleur que mes pères, et je ferai quelque chose de complètement différent d'eux. » Mais notre but doit être d'aimer le Seigneur et de Lui obéir.

Notre but ne doit pas être d'être spécial ou unique de quelque manière que ce soit. Nous devons souhaiter apprendre auprès des pères que Dieu nous a envoyés.

Pourquoi méprisez-vous tout ce que votre père représente ? Pourquoi tenez-vous à être si différent et si spécial ? N'est-ce pas l'orgueil qui vous pousse à être totalement différent de vos prédécesseurs ? J'ai fini par me rendre compte que je ne suis pas différent des autres pasteurs. Je ne suis pas une espèce rare choisie par le Christ pour la fin des temps. De telles pensées ne conduisent qu'à l'erreur. Je suis un soldat de l'armée de Dieu. Je suis ravi d'être l'un de ceux qui tentent de servir le Seigneur.

Voulez-vous être un enseignant dans la maison du Seigneur ? Dieu élève des enseignants depuis de nombreuses années. Si Dieu vous a accordé le don de l'enseignement, vous serez un autre enseignant de la même espèce. Voulez-vous créer une grande église ? Ne commencez pas votre ministère dans l'imposture. Votre église ne sera qu'une autre église du même genre.

Croire être unique et totalement différent de tout ce qui a existé ne peut que créer des illusions. Il est temps d'apprendre auprès des pères qui se trouvent devant vous. Dieu veut élever plus de bergers, comme les pères des temps anciens. Des bergers qui apprennent humblement auprès des pères expérimentés.

J'utilise le mot « *Allos* » pour signifier un autre de la même espèce. Je crois que les fils doivent aspirer à être au moins un autre de la même espèce. Votre père a de nombreuses qualités qu'il peut vous inculquer. Vous pouvez peut-être même faire mieux que lui.

1. **Un fils doit être un allos car c'est le DESSEIN DE DIEU comme le montre la création.**

   Puis Dieu dit : Faisons l'homme à notre image, selon notre ressemblance [...]

   Genèse 1 : 26

Quand le Seigneur a créé l'homme, il l'a créé à Son image. Il a dit : « Faisons quelque chose qui est comme nous : un autre de la même espèce. » Nous avons tous été créés en tant qu'*allos*.

Il y a de nombreuses similitudes entre l'homme et Dieu, car nous avons été créés à Son image. Dieu est un Esprit et le Père de tous les esprits. Les êtres humains sont également des esprits vivant dans des corps. Dieu le Père, Dieu le Fils et Dieu le Saint-Esprit forment la Trinité.

L'homme en tant qu'esprit, âme et corps forme également un être de trinité. Quand les hommes font preuve de créativité et d'inventivité, ils montrent clairement qu'ils sont semblables à Dieu. *Allos* : un autre de la même espèce !

2. **Un fils doit être un *allos* car c'est UNE BONNE CHOSE.**

> **La terre produisit de la verdure, de l'herbe portant de
> la semence selon son espèce, et des arbres donnant du
> fruit et ayant en eux leur semence selon leur espèce.
> Dieu vit que cela était bon. Dieu créa [...] tous les
> animaux vivants [...] selon leur espèce [...] Dieu vit que
> cela était bon. Dieu fit les animaux de la terre selon
> leur espèce [...] Dieu vit que cela était bon.**
>
> **Genèse 1 : 12, 21,25**

> **Dieu créa l'homme à son image, il le créa à l'image
> de Dieu, il créa l'homme et la femme. Dieu vit tout ce
> qu'il avait fait et voici, cela était très bon.**
>
> **Genèse 1 : 27,31**

C'est une *bonne chose* d'être un autre de la même espèce. Dieu
Tout Puissant a créé toutes choses afin qu'elles produisent selon
leur espèce. L'herbe produit selon la même espèce, les plantes
produisent selon la même espèce et les baleines produisent selon
la même espèce. Chaque homme produit un autre de la même
espèce.

Le Seigneur Dieu a vu que c'était une bonne chose ! Au lieu
de se préoccuper de produire un autre d'une espèce *différente*,
faisons ce qui est juste.

Voulez-vous être un bon chanteur ? Visez un but que vous
pouvez atteindre. Désirez quelque chose de réalisable. Désirez
être un allos de quelqu'un qui est déjà un bon chanteur.

3. **Un fils doit être un *allos* car tout le monde est l'allos de
    quelqu'un d'autre.**

Si vous n'êtes pas l'allos de votre père, alors vous serez l'allos
de quelqu'un d'autre. Les gens qui prétendent ne suivre personne
ne font que suivre quelqu'un qu'ils ne connaissent pas. Tous
ceux qui excellent dans le ministère sont l'allos de quelqu'un
d'autre. Tout leader de culte est un allos d'un autre leader de

culte. Tout évangéliste est un allos d'un autre évangéliste. Tout grand homme de Dieu est un allos d'un autre homme de Dieu.

Toute onction est l'allos d'une autre onction. L'onction de Pierre, Jacques et Jean était simplement un allos de l'onction de Jésus, leur maître. L'onction d'Elisée était simplement une autre de la même espèce que celle d'Elie.

Récemment, je prenais mon petit-déjeuner dans un hôtel en Afrique du Sud. Voilà qu'arriva un célèbre chanteur chrétien dont la musique est écoutée partout dans le monde. Comme il était assis avec nous, l'un de mes pasteurs, le pasteur Oko, lui a posé une question : « Qui vous a influencé dans votre vocation de musicien ?, »

Il a répondu : « Andrae Crouch est ma plus grande inspiration. »

J'ai immédiatement compris pourquoi il avait tant de succès. Il était un *allos* éhonté ! Il était fier d'être un autre de la même espèce.

J'ai remarqué que tous ceux qui réussissent sont des allos qui imitent quelqu'un de la même espèce. Qu'il s'agisse de prêcher, de chanter, de guérir, le principe est le même. Dieu produit un autre de la même espèce et Il dit continuellement que c'est une bonne chose.

4. C'est une bonne chose qu'un fils soit un *allos* car cela le rend humble.

C'est une bonne chose d'être un allos car cela rend humble !

C'est une bonne chose d'avoir appris humblement auprès de ceux qui vous ont précédé.

C'est une bonne chose que les jeunes fassent preuve de respect envers ceux qui leur ont tracé la route.

Quand les fils sont humbles, les bienfaits de Dieu sont transmis à la génération suivante. Non seulement il y aura un grand homme de Dieu pour cette génération, mais il y en aura un autre de la même espèce pour la génération suivante.

Non seulement il y aura un grand chanteur, mais il y en aura plusieurs de la même espèce. Partout où on a besoin de ces voix talentueuses pour aider à transmettre l'onction, il y aura un allos.

5. Un fils doit devenir un *allos* car il connaîtra ainsi la grandeur.

Décidez d'être un grand homme de Dieu, décidez de devenir un grand leader de culte. Devenez un directeur de chœur ou un berger que les gens n'oublieront pas. Comment pouvez-vous atteindre ce but ? La réponse est simple : devenez un autre de la même espèce. N'ayons pas de vues mystiques au sujet de la grandeur de Dieu.

Ne tournons pas autour du pot. Allons directement à la méthode de Dieu pour produire un autre de la même espèce. Si elle est grande, un autre de la même espèce sera aussi grand. Si elle est ointe, un autre de la même espèce sera aussi oint. Si elle est puissante, un autre de la même espèce sera aussi puissant.

Je crois que Dieu m'a appelé pour Le servir. Je ne suis ni spécial ni différent. Je suis simplement un autre de la même espèce que Dieu a déjà désigné. Je veux trouver quelqu'un ayant la même vocation et l'imiter de mon mieux.

Ça ne sera pas long, nous irons chez nous. J'ai peu de temps pour faire des essais. Je ne peux pas perdre de temps en faisant des expériences. Je pourrais me trouver au milieu d'une expérience quand le Seigneur m'appelle.

Je dois aller droit au but. J'ai besoin d'onction le plus rapidement possible ! Je dois délivrer de bons prêches immédiatement ! Je dois guérir les malades et ressusciter les morts dans le temps que le Seigneur m'a accordé.

Et vous ? Combien d'années d'expérimentations vous seront nécessaires avant que vous deveniez assez humble pour être un autre de la même espèce ? Les églises qui fonctionnent sont dirigées par des pasteurs d'une certaine espèce.

Les églises qui grandissent sont dirigées par des hommes et des femmes d'une certaine espèce. Puisque c'est également votre vision, pourquoi ne pas devenir un autre de la même espèce ?

Allos est la voie de l'onction. Allos est la clé de la grandeur grâce à Dieu. Allos est la porte ouverte pour entrer dans le royaume.

Je ne peux pas faire semblant. Ce que je fais, je l'ai appris auprès d'autres. Ce que j'enseigne a été enseigné par un autre de la même espèce. Je prêche comme je l'ai appris auprès de quelqu'un d'autre.

Je n'ai pas honte d'imiter des autres de la même espèce. Dieu a dit que cela est bon, alors cela doit être bon. Si c'est bon pour Dieu, c'est bon pour moi.

6   Un fils doit devenir un *allos* car il n'y a rien de nouveau sous le soleil.

Quand vous devenez un allos, vous découvrez qu'il n'y a rien de nouveau.

> **Ce qui a été, c'est ce qui sera, et ce qui s'est fait, c'est ce qui se fera, il n'y a rien de nouveau sous le soleil. S'il est une chose dont on dise : Vois ceci, c'est nouveau ! Cette chose existait déjà dans les siècles qui nous ont précédés.**
>
> **Ecclésiaste 1 : 9-10**

En effet, il n'y a rien de nouveau sous le soleil. C'est un fait que nous devons accepter. Vous n'avez rien de nouveau à offrir et votre vie ne présente rien de vraiment spécial.

Comme la plupart des prêcheurs, j'ai autrefois pensé présenter quelque chose de nouveau. Je pensais avoir de nouveaux dons et des idées que personne n'avait eues auparavant.

Avec le temps, j'ai découvert que tout ce que je faisais avait été fait auparavant. Tout ce que je fais et dis a été fait ou dit par d'autres avant moi.

La vérité au sujet de mon ministère est que j'imite de mon mieux des gens que j'admire véritablement. Je veux être comme eux et je n'ai pas honte de le dire ! J'aime leur esprit ! J'aime leur nature ! Si je pouvais être un autre de la même espèce, ce serait une grande réussite pour moi.

7. **Un fils doit devenir un *allos* car il devient quelqu'un qui a déjà DU SUCCÈS ET DE LA RÉUSSITE.**

Vous évitez le désagrément de l'expérimentation. En découvrant des principes éprouvés, vous vous évitez de perdre votre temps pendant des années.

8. **Un fils doit devenir un *allos* car cela lui épargne la difficulté d'avoir à créer un nouveau nom.**

Se faire un nom n'est pas chose simple. Voilà pourquoi les noms se vendent pour de grosses sommes. Un bon nom est l'une des choses les plus précieuses sur terre. Devenir un autre de la même espèce signifie que vous êtes un autre avec le même nom. Quand cela ne vous dérange pas d'être associé à quelqu'un, être un allos présente de nombreux avantages.

9. **Un fils doit devenir un *allos* car cela lui permet de comprendre sa place dans l'équipe.**

On doit être humble pour avouer qu'on n'est qu'un membre d'une équipe. Quand votre ministère impressionne les fidèles, il n'est pas simple de révéler que votre message n'est pas original. Quand votre style impressionne les fidèles, il n'est pas simple de révéler que vous avez tout appris auprès de quelqu'un d'autre. Dieu soit loué pour l'humilité qu'il accorde aux allos.

> **Car en ceci ce qu'on dit est vrai : Autre est celui qui sème, et AUTRE (*ALLOS*) celui qui moissonne.**
>
> **Jean 4 : 37**

Quand des personnes de la même espèce collaborent, elles peuvent fonctionner comme une équipe. « Autre est celui qui sème, et autre celui qui moissonne. » Quand les gens ne sont pas de la même espèce, il leur est très difficile de collaborer. Les luttes pour le pouvoir au sein des églises sont causées par des collaborations entre des gens ayant une vision différente.

Si mon ambition est la richesse, mes décisions seront différentes de celles de quelqu'un dont l'ambition est de porter des fruits. Il y aura des conflits incessants car nous sommes d'espèces différentes.

Transférer des pasteurs d'une église à l'autre est beaucoup plus simple quand des pasteurs de la même espèce collaborent. Quand un autre de la même espèce reprend une église, la congrégation l'encourage.

Les pasteurs comprennent qu'ils sont des serviteurs transitionnels du Seigneur et qu'ils bénéficient d'un temps limité pour satisfaire le Seigneur. Personne n'est éternel et personne n'est là pour son profit personnel. Chaque pasteur veut faire de son mieux pour le Seigneur dans le temps qui lui est alloué. L'un plante l'église, et un autre de la même espèce la nourrit. Comme ils sont de la même espèce, ils savent tous reconnaître quand il est temps de changer. Mais de tels changements dans la structure de l'église ne sont pas réalisables quand les gens ont des ambitions différentes.

Paul et Apollos étaient des *allos* : ils étaient de la même espèce.

> **Selon la grâce de Dieu qui m'a été donnée, j'ai posé le fondement comme un sage architecte, et un autre (*ALLOS*) bâtit dessus. Mais que chacun prenne garde à la manière dont il bâtit dessus.**
>
> **1 Corinthiens 3 : 10**

Cela n'a pas dérangé Paul de poser un fondement pour qu'un autre bâtisse dessus. Cela ne l'a pas dérangé de commencer quelque chose et de laisser un autre continuer. Paul a planté l'église, et un autre de la même espèce (Apollos) l'a nourrie. Quand vous serez un allos, vous comprendrez que vous n'êtes qu'un membre de l'équipe.

10. Un fils doit devenir un *allos* car cela rend dépendant et docile.

La nature de la brebis est différente de celle du serpent. Il est dans la nature des serpents d'être indépendants et solitaires. C'est tout le contraire de ce que vous devez être si vous marchez avec le Seigneur. Pour être un autre de la même espèce, vous devrez dépendre de quelqu'un, vous devrez apprendre auprès de quelqu'un et vous devrez suivre quelqu'un.

11. Un fils doit devenir un *allos* car cela donne accès aux méthodes et aux formules qui ont fonctionné pour votre espèce.

Quand je décide de devenir un autre de la même espèce, tout ce dont j'ai besoin, ce sont les méthodes utilisées par mon allos. Ce qui a fonctionné pour lui fonctionnera pour moi. Je copie simplement les systèmes et les techniques qui ont produit des résultats pour mon *allos*. Puisque je vais être de la même espèce, le même genre de méthode qui a fonctionné pour lui fonctionnera sûrement pour moi !

12. Un fils doit devenir un *allos* car cela en fait un membre d'un groupe particulier.

Un groupe unique de gens qui sont de la même espèce, qui ont de nombreux points communs. Vous pouvez le rejoindre l'esprit libre car vous êtes confrontés aux mêmes problèmes et aux mêmes expériences. Quand je rencontre des pasteurs allos, je suis détendu en leur compagnie. Je peux partager mes problèmes et être encouragé par d'autres ayant vécu les mêmes choses.

13. Un fils doit devenir un *allos* car c'est comme cela qu'on trouve sa voie dans le ministère.

Nombreux sont ceux qui reçoivent la vocation du ministère mais qui ignorent le moyen d'y parvenir. Ils savent que Dieu les a appelés mais ils ignorent comment s'y prendre. De nombreux hommes de Dieu ignorent comment atteindre les hautes sphères du ministère. Ils voient les autres hommes de Dieu qui accomplissent de grandes choses mais ne savent pas comment les imiter !

La route menant aux mêmes accomplissements est claire à présent. N'essayez pas d'être unique, spécial ou différent. Devenez simplement un allos. Devenez un autre de la même espèce.

Utilisez les techniques dont ils se sont servis.

Imitez-les de votre mieux.

Prêchez ce qu'ils ont prêché.

Priez de la même manière qu'eux.

Cherchez Dieu de la même manière qu'eux.

Soyez proche de Dieu. Vous deviendrez sûrement un autre de la même espèce.

14. Un fils doit devenir un *allos* car cela aide à évoluer plus rapidement dans de nouveaux domaines du ministère.

Devenir un allos accélère votre avancement dans la vie et dans le ministère. Puisque vous suivez une route bien tracée, vous retirez les bénéfices de ceux qui l'ont empruntée avant vous.

Vous ne serez pas ralenti par les choses qui ralentissent les autres. Vous franchirez les obstacles plus vite car votre espèce vous dira comment les franchir. Les gens vont plus vite quand ils n'ont pas à faire leurs propres expériences.

Un jour, je me rendais à un endroit en compagnie de quelqu'un. Il était devant moi dans sa voiture et j'étais dans la mienne. Quand il s'est retrouvé dans le trafic, il m'a appelé pour me dire de ne pas le suivre car la circulation était trop dense. Je suis arrivé avant lui car grâce à lui, je n'avais pas connu le même problème. Il est logique d'accepter les conseils de ceux qui vous précèdent.

Devenir un *allos*, c'est l'art d'utiliser la logique.

15. Un fils doit devenir un *allos* car cela l'aidera face aux difficultés.

Vous êtes-vous déjà demandé pourquoi les médecins restent calmes face à des urgences ? C'est parce qu'ils ont vu de nombreuses situations du même genre (*allos*). Quand vous êtes confronté à un problème ou une crise d'*allos*, vous êtes calme car vous connaissez cette espèce. Vous surmontez les difficultés plus vite, car on vous a parlé de ce genre de situation.

16. Un fils doit devenir un *allos* car cela crée une armée aux forces démultipliées.

Les efforts conjugués de gens de la même espèce produisent d'excellents résultats. La Bible enseigne que deux valent mieux qu'un. La corde à trois fils ne se rompt pas facilement.

> **Et si quelqu'un est plus fort qu'un seul, les deux peuvent lui résister ; et la corde à trois fils ne se rompt pas facilement.**
>
> **Ecclésiaste 4 : 12**

Deux de la même espèce valent mieux qu'un ! Trois de la même espèce ne se rompent pas facilement. La force multipliée des allos est phénoménale. Quand des gens ayant le même esprit marchent et travaillent ensemble, une grande puissance est libérée.

> **Comment un seul en poursuivrait-il mille, Et deux en mettraient-ils dix mille en fuite [...]**
>
> **Deutéronome 32 : 30**

Un seul en mettra mille en fuite, mais deux de la même espèce en mettront dix mille en fuite.

17. Un fils doit devenir un *allos* car c'est le moyen naturel de croître.

Le moyen naturel selon lequel toute création se multiplie est la production d'un autre de la même espèce.

> **La terre produisit de la verdure, de l'herbe portant de
> la semence selon son espèce, et des arbres donnant du
> fruit et ayant en eux leur semence selon leur espèce.
> Dieu vit que cela était bon. Dieu créa [...] tous les
> ANIMAUX vivants [...] selon leur ESPÈCE. Dieu vit
> que cela était bon. Dieu fit les animaux de la terre
> selon leur espèce. Dieu vit que cela était bon.**
>
> **Genèse 1 : 12, 21,25**

Le moyen naturel selon lequel une église évolue de gloire
en gloire est la production de pasteurs de la même espèce, de
leaders de la même espèce et de bergers de la même espèce. Je ne
conteste pas le fait qu'il y ait d'autres moyens d'avancer. Mais je
peux partager ce que je vois dans la Bible. *Allos ! Allos ! Allos !*
Je veux être comme les pères que Dieu m'a envoyés. Je veux être
exactement comme Lui.

> **Tel il est, tels nous sommes aussi dans ce monde : c'est
> en cela que l'amour est parfait en nous, afin que nous
> ayons de l'assurance au jour du jugement.**
>
> **1 Jean 4 : 17**

18. **Un fils doit devenir un *Allos* car c'est la clé de l'onction.**

> **Et moi, je prierai le Père et il vous donnera un
> autre (*ALLOS*) consolateur, afin qu'il demeure
> éternellement avec vous.**
>
> **Jean 14 : 16**

Dans le passage ci-dessus, Jésus appelle le consolateur un autre
de la même espèce. Dans ce verset, un autre se traduit en grec par
allos. Cela signifie un autre consolateur de la même espèce. Jésus
aurait pu utiliser le mot hétéro qui traduit également « un autre ».
Mais hétéro aurait signifié l'aide d'une espèce différente.

Le Saint-Esprit (le consolateur) est l'onction. Quand Jésus a
promis un autre consolateur de la même espèce, Il a promis une
autre onction de la même espèce. Les apôtres disposeraient de la
même espèce d'onction qu'il avait prêchée.

Les progrès de la plupart des pasteurs dans le ministère seraient accélérés s'ils comprenaient cette simple vérité. Il n'y a pas d'onction nouvelle ou spéciale que Dieu souhaite vous accorder. Il va simplement vous en donner une autre de la même espèce. Une autre de la même espèce a été promise aux apôtres.

Le monde enseigne que c'est à l'école qu'on obtient des qualifications. Le modèle biblique pour entrer dans le ministère est de devenir un *allos*. Devenir un *allos* est le moyen naturel par lequel Dieu produit des pasteurs. L'orgueil et la présomption nous empêchent souvent de devenir des *allos*.

Le ministère est une chose très difficile. Il faut beaucoup de grâce pour satisfaire Dieu. L'humilité est le plus grand accomplissement dans le ministère, mais elle est insaisissable. La plupart d'entre nous se fient aux critères humains de la grandeur. Mais le Christ nous a montré ce qu'est la vraie grandeur. Suivre humblement un homme, être obéissant et porter des fruits humblement n'est pas une tâche aisée. Dieu ne nous demande pas grand-chose. Il attend de nous que nous soyons les allos de quelque chose qui fonctionne.

Elie, Elisée et Jean-Baptiste

Elie a eu deux allos célèbres. Elisée et Jean-Baptiste. La Bible est très claire à ce sujet. Elisée a demandé une double portion de l'onction d'Elie et l'a obtenue. (2 Rois 2 : 9). Jésus a décrit Jean-Baptiste comme Elie. Il a vraiment dit : « C'est lui qui est l'Elie qui devait venir. » (Matthieu 11 : 14).

Quand vous avez un autre de la même espèce d'onction, cela produit la même espèce de résultats. En examinant plus attentivement les ministères de ces allos, nous verrons à quel point c'est vrai. Cette révélation devrait vous pousser à obtenir une onction d'*allos*.

Six raisons pour lesquelles Elisée était un *allos* d'Elie

1. Elie a prié pour qu'un petit garçon soit ressuscité (1 Rois 17 : 17-24) et Elisée a prié pour qu'un garçon soit ressuscité (2 Rois 4 : 32-37).

2. Elie a eu des déclarations miraculeuses (1 Rois 21 : 28-29) et Elisée en a également fait (2 Rois 8 : 12).

3. Le ministère d'Elie a compté seize miracles, celui d'Elisée en a compté trente-deux.

4. Elie a causé une famine qui a duré trois ans et demi (1 Rois 17 : 1; Jacques 5:17) et Elisée a prié pour une famine de sept ans (2 Rois 8 : 1-2).

5. Elie a multiplié le repas et l'huile pour une veuve (1 Rois 17 : 8-16) et Jean-Baptiste a également multiplié l'huile d'une veuve (2 Rois 4 : 1-7).

6. Elie a asséché le Jourdain (2 Rois 2 : 8), et Jean l'a également asséché (2 Rois 2 : 13-15).

Onze raisons pour lesquelles Jean-Baptiste était un *allos* d'Elie

1. Elie a été oint d'Esprit et de pouvoir (2 Rois 1 : 9-10) et Jean-Baptiste a aussi été rempli d'Esprit et de pouvoir (Luc 1 : 17).

2. Elie a vécu dans le désert (1 Rois 1 : 17 : 3,19 : 4) et Jean-Baptiste habitait dans la nature (Luc 1 : 80).

3. Elie avait une apparence particulière (2 Rois 1 : 8) et Jean-Baptiste portait une tunique en poils de chameau (Matthieu 3 : 4).

4. Elie a mangé de la nourriture étrange prise aux corbeaux (1 Rois 17 : 4) et Jean-Baptiste a mangé des criquets et du miel sauvage (Matthieu 3 : 4).

5. Elie s'est opposé au roi de son époque, le roi Achab (1 Rois 18 : 17-18), et Jean-Baptiste s'est opposé à celui de son époque, le roi Hérode (Matthieu 14 : 3-4).

6. Le roi a voulu tuer Elie (2 Rois 1 : 9), et le roi a également cherché à tuer Jean-Baptiste (Matthieu14 : 3-5).

7. Elie a prêché la vertu (1 Rois 18 : 20-24) et Jean-Baptiste a prêché le repentir (Matthieu 21 : 32).

8. Jézabel, la femme du roi, détestait Elie (1 Rois 19 : 1-7), et la femme d'Hérode détestait Jean-Baptiste aussi (Matthieu 14 : 3-10).

9. Elie était très influent (1 Rois 18 : 25-41), et Jean-Baptiste était également très influent à son époque (Marc 11 : 32).

10. Elie et Jean-Baptiste ont été associés dans des prophéties (Malachie 3 : 1; Malachie 4 : 5-6; Esaïe 40 : 3)

11. Elie sera le précurseur de la seconde venue du Christ (Malachie 4 : 5-6), et Jean-Baptiste était le précurseur de la première venue du Christ (Malachie 3 : 1).

19. Un fils doit devenir un *Allos* car c'est la clé de l'enseignement et du prêche.

> **Ecoutez une autre (*ALLOS*) parabole. Il y avait un homme, maître de maison, qui planta une vigne. Il l'entoura d'une haie, y creusa un pressoir, et bâtit une tour ; puis il l'afferma à des vignerons, et quitta le pays.**
>
> **Matthieu 21 : 33**

Jésus a enseigné la Parole de Dieu dans le style le plus magnifique et le plus sacré jamais connu. Les enfants se souviennent de Ses histoires longtemps après avoir lu la Bible. Ses enseignements sont toujours pertinents deux mille ans après.

Les enseignements de Jésus sont lus par plus de personnes, cités par plus d'auteurs, traduits en plus de langues, plus mis en musique et représentés que n'importe quels autres enseignements.

Comme quelqu'un a dit, comparer les enseignements de Socrate, de Platon et d'Aristote à ceux de Jésus revient à comparer une question à une révélation !

Il y a des années, j'ai dit à ma femme que je voulais enseigner la Parole comme Jésus. Je me suis dit : « Les enseignements de Jésus ne s'oublient pas facilement, même pour un enfant. » J'ai décidé de devenir un *allos*. Il y a des années, avant de devenir pasteur, j'ai décidé d'enseigner et de prêcher à l'aide d'histoires.

Jésus a raconté de nombreuses histoires. Il disait :

« Un *certain homme* avait deux fils... »

« Un *certain homme* a organisé une grande fête... »

« Il y avait un *certain homme riche* vêtu de pourpre... »

« Un *certain homme* est mort... »

« Un *certain homme* est allé à Jéricho... »

« Il y avait un *certain homme riche* qui avait un intendant... »

« Les terres d'un *certain homme riche* était beaucoup apportées... »

« Un *certain homme noble* s'aventura dans un pays lointain... »

J'ai décidé que je voulais être un enseignant comme Jésus. Je ne voulais pas être quelqu'un de nouveau, je voulais juste être un *allos*.

Pour devenir un grand prêcheur, il faut devenir un autre de la même espèce. Il vous suffit de trouver un prêcheur dont le ministère change la vie et de devenir un autre de la même espèce. Apprenez à prêcher en devenant comme lui. Prêchez de la même manière, enseignez de la même manière et vous aurez du succès. N'essayez rien de nouveau car il n'y a rien de nouveau.

Apprenez à « copier », photographier, photocopier, réécouter, rembobiner et répéter honorablement ce qui est bon jusqu'à ce que cela fasse partie de vous. Vous vous apercevrez que vous devenez un *allos*. En réalité, que ce soit délibéré ou pas, vous devenez l'*allos* de quelqu'un. Alors pourquoi ne pas choisir de devenir l'*allos* de quelqu'un que vous admirez ?

20. Un fils doit devenir un *allos* car cela l'aidera à reconnaître le principe de l'*allos* dans d'autres domaines du ministère.

Quand vous comprenez le principe de l'*allos*, vous constatez qu'il est à l'œuvre dans différents domaines de la vie et du ministère. Vous êtes un autre de la même espèce et vous reconnaîtrez que de nombreuses choses sont uniques.

Cher ami, vous n'avez rien de spécial. Il n'y a rien de spécial au sujet des problèmes que vous rencontrez dans le ministère. Quelqu'un y a été confronté avant vous, vous êtes juste le suivant à y faire face.

Dans le livre de l'Apocalypse, Jean a vu une bête terrible (un problème) émerger de la mer. Il a été surpris par l'apparence étrange et effrayante de la bête.

> **Et il se tint sur le sable de la mer. Puis je vis monter de la mer une bête qui avait dix cornes et sept têtes, et sur ses cornes dix diadèmes et sur ses têtes des noms de blasphème. La bête que je vis était semblable à un léopard ; ses pieds étaient comme ceux d'un ours et sa gueule comme une gueule de lion. Le dragon lui donna sa puissance, et son trône, et une grande autorité.**
> **Apocalypse 13 : 1-2**

Mais ce n'était pas terminé. Il a soudain vu un *allos* ! Un autre de la même espèce ! Ce passage décrit comment il a vu une autre bête de la même espèce sortant de l'océan.

> **Puis je vis monter de la terre une autre (*ALLOS*) bête, qui avait deux cornes semblables à celles d'un agneau, et qui parlait comme un dragon.**
> **Apocalypse 13 : 11**

Il est important de reconnaître les problèmes de nature similaire lorsqu'ils se présentent. Cela vous aidera à résoudre ces problèmes calmement.

J'ai autrefois prêché dans une église dont la congrégation était vraiment bénie. Le pasteur de l'église était heureux de mon message. Mais quelques jours plus tard, un pasteur m'a prévenu qu'il était mécontent de certaines choses que j'avais dites dans son église. J'étais surpris car il avait dit être satisfait de mon message.

Ce pasteur était toujours mécontent : certains de ses pasteurs et certains membres de sa congrégation n'étaient pas contents de mon prêche. J'ai cru comprendre qu'un esprit politique habitait cette congrégation. Cette église était dirigée sur la base de rumeurs, de critiques et de ragots. Les différents groupes et factions avaient toujours une opinion sur ce qui se passait à l'église. C'était une église pleine de divisions, de politique et de luttes internes.

À une autre occasion, j'ai prêché dans une autre église. Après le message, le pasteur était très heureux et m'a félicité. Il est allé jusqu'à dire qu'il aurait voulu que je délivre le même message dans son église lors d'une messe plus importante. Il voulait que toute l'église l'entende. Mais je lui ai expliqué que je ne serais pas disponible pour cette messe.

Le lendemain, ce pasteur m'a appelé pour me reprocher des choses que j'avais dites dans mon message. J'étais stupéfait mais je me suis immédiatement excusé pour ce que j'avais dit. Il m'a expliqué qu'après mon départ, certains de ses leaders avaient exprimé leur objection concernant certaines parties de mon prêche.

Mais j'avais déjà remarqué des similarités entre cette église et l'autre église politisée. Je n'ai donc pas été très surpris par ce qui venait de se passer. C'était un allos de l'autre église où on m'avait également reproché mon prêche. C'était simplement une autre expérience de la même espèce. La piscine de Siloam était entourée de gens malades ayant le même problème.

Le malade lui répondit : Seigneur, je n'ai personne pour me jeter dans la piscine quand l'eau est agitée et, pendant que j'y vais, un autre (*ALLOS*) descend avant moi.

Jean 5 : 7

Chapitre 15

Pourquoi certains fils ont des difficultés à honorer leur père

Honore ton père et ta mère ; (c'est le premier commandement avec promesse), Afin que tout aille bien avec toi, et que tu vives longtemps sur la terre.

Ephésiens 6 : 2-3 (BKJF)

Honore ton père et ta mère, afin que tes jours soient prolongés sur la terre que le Seigneur ton Dieu te donne.

Exode 20 : 12 (BKJF)

1. Les fils ont des difficultés à honorer leur père parce qu'ils ne suivent pas l'exemple de Jésus Christ.

Jésus Christ était précédé de Jean-Baptiste. Jean-Baptiste prêchait avant l'avènement de Jésus. Le Seigneur l'a grandement honoré en Se soumettant à lui pour le baptême. Cela illustre ce que de nombreux pasteurs sont incapables de faire. Ils n'honorent pas leurs prédécesseurs, surtout s'ils vivent dans la même ville.

Sept raisons pour lesquelles Jésus aurait pu mépriser Jean-Baptiste

1. Jésus avait de bonnes raisons de ne pas honorer Jean-Baptiste. Jésus Christ était le Fils de Dieu. Jésus Christ était au commencement et toutes choses furent créées par Lui et à travers Lui. Jean-Baptiste n'était qu'une des créatures de Dieu. Comment Jésus Christ le créateur aurait-il pu s'incliner devant une simple créature et se soumettre à lui ?

2. Jean-Baptiste n'était même pas digne de défaire les lacets des souliers de Jésus, encore moins de Le baptiser.

Comme le peuple était dans l'attente, et que tous se demandaient en eux-mêmes si Jean n'était pas le Christ, il leur dit à tous : Moi, je vous baptise d'eau ; mais il vient, celui qui est plus puissant que moi, et je ne suis pas digne de délier la courroie de ses souliers. Lui, il vous baptisera du Saint Esprit et de feu.

Il a son van à la main ; il nettoiera son aire, et il amassera le blé dans son grenier, mais il brûlera la paille dans un feu qui ne s'éteint point.

Luc 3 : 15-17

3. Le mode de vie de Jean était douteux. Il ne portait qu'un pantalon minuscule pour prêcher et menait une existence recluse dans le désert.

En ce temps-là parut Jean Baptiste, prêchant dans le désert de Judée.

Il disait : Repentez-vous, car le royaume des cieux est proche. Jean est celui qui avait été annoncé par Ésaïe, le prophète, lorsqu'il dit : C'est ici la voix de celui qui crie dans le désert : Préparez le chemin du Seigneur, Aplanissez ses sentiers.

Jean avait un vêtement de poils de chameau, et une ceinture de cuir autour des reins. Il se nourrissait de sauterelles et de miel sauvage.

Les habitants de Jérusalem, de toute la Judée et de tout le pays des environs du Jourdain, se rendaient auprès de lui ; et, confessant leurs péchés, ils se faisaient baptiser par lui dans le fleuve du Jourdain.

Matthieu 3 : 1-6

4. Jean-Baptiste semblait se mêler de politique et confrontait ouvertement le gouvernement de l'époque.

5. Le ministère de Jean-Baptiste connut une fin brutale lorsqu'il fut exécuté comme un vulgaire criminel.

Mais Jésus respectait Jean-Baptiste. Il ne l'ignora pas, et se rendit dans son église. Jésus se soumit au ministère de Jean-Baptiste.

Alors Jésus vint de la Galilée au Jourdain vers Jean, pour être baptisé par lui. Mais Jean s'y opposait, en disant : C'est moi qui ai besoin d'être baptisé par toi, et tu viens à moi ! Jésus lui répondit : Laisse faire maintenant, car il est convenable que nous accomplissions ainsi tout ce qui est juste. Et Jean ne lui résista plus.

Matthieu 3 : 13-15

6. Le ministère de Jean-Baptiste n'était pas marqué par les miracles. Jésus loua beaucoup Jean-Baptiste, même s'Il accomplissait des miracles dont Jean était incapable.

Comme ils s'en allaient, Jésus se mit à dire à la foule, au sujet de Jean : Qu'êtes-vous allés voir au désert ? Un roseau agité par le vent ? Mais, qu'êtes-vous allés voir ? Un homme vêtu d'habits précieux ? Voici, ceux qui portent des habits précieux sont dans les maisons des rois. Qu'êtes-vous donc allés voir ? Un prophète ? Oui, vous dis-je, et plus qu'un prophète. Car c'est celui dont il est écrit : Voici, j'envoie mon messager devant ta face, Pour préparer ton chemin devant toi.

Matthieu 11 : 7-10

7. Les enseignements de Jean-Baptiste n'étaient pas aussi marquants que ceux de Jésus. Jésus prêchait un message différent de celui de Jean, mais Il reconnaissait néanmoins la valeur et la pertinence de celui-ci.

Je vous le dis en vérité, parmi ceux qui sont nés de femmes, il n'en a point paru de plus grand que Jean Baptiste. Cependant, le plus petit dans le royaume des cieux est plus grand que lui.

Matthieu 11 : 11

Quand Jésus se fut soumis au ministère de Jean-Baptiste, une voix venant du ciel dit : « Celui-ci est mon Fils bien-aimé, en qui je suis comblé. » Jésus n'avait pas conquis d'âmes lorsqu'Il fut désigné comme le « fils bien-aimé » ! Il ne fit que se soumettre à quelqu'un qui Le devançait dans le ministère. C'est un point important pour tous ceux qui aiment s'opposer à l'autorité et à leurs aînés.

2. Les fils ont des difficultés à honorer leur père parce qu'ils ne suivent pas l'exemple de David.

David reconnut que Saul était le roi oint qui le précédait. Même si Saul connaissait de nombreux problèmes, David ne l'attaqua pas. Il l'appela « père » et non « le fou de Jérusalem ». Il le désigna comme étant oint par le Seigneur et non comme un « roi démoniaque », un « papa démoniaque ». C'est pour cela que son trône est établi à jamais.

Il sera grand, et sera appelé Fils du Très-Haut, et le Seigneur Dieu lui donnera le trône de David, son père.

Luc 1 : 32

Saul avait quatre torts qui auraient poussé n'importe quel fils ordinaire à se rebeller contre son père. Mais David ne s'y laissa pas prendre. Il connaissait l'injonction citée dans Exode 20 : 12, selon laquelle sa longévité dépendrait de son rapport à son père.

David avait quatre raisons de ne pas honorer Saul

1. Saul fut rejeté par Dieu à travers le prophète Samuel.

   [...] Parce que tu as rejeté la parole de L'ÉTERNEL, il te rejette aussi, en tant que roi.

   1 Samuel 15 : 23b (BKJF)

2. Saul était possédé par un démon. Il tomba sous l'emprise d'un esprit malin et David le savait.

Le lendemain, le mauvais esprit de Dieu saisit Saül, qui eut des transports au milieu de la maison. David jouait, comme les autres jours, et Saül avait sa lance à la main.

1 Samuel 18 : 10

3. Saul tua des pasteurs. Il était devenu un meurtrier et ses victimes n'étaient autres que les prêtres de Dieu.

Et lui rapporta que Saul avait tué les sacrificateurs de L'ETERNEL.

1 Samuel 22 : 21

4. Saul s'adonna à la sorcellerie. Il passa sa dernière nuit sur terre dans la maison d'une sorcière.

Et Saül dit à ses serviteurs: Cherchez-moi une femme qui évoque les morts, et j'irai la consulter. Ses serviteurs lui dirent: Voici, à En Dor il y a une femme qui évoque les morts.

1 Samuel 28 : 7

Malgré ces provocations sérieuses, David maintint sa position à l'égard de Saul. Il refusa de voir autre chose en lui que la figure d'un père. De nombreux ignorants s'en prennent violemment à leur père à cause des torts qu'ils voient en eux. Pourquoi ne pas s'inspirer de David, dont le trône est établi à jamais ? Vous ne pouvez certainement pas avoir de meilleures raisons de vous rebellez contre votre père que David lui-même !

Vois, mon père, vois donc le pan de ton manteau dans ma main. Puisque j'ai coupé le pan de ton manteau et que je ne t'ai pas tué, sache et reconnais qu'il n'y a dans ma conduite ni méchanceté ni révolte, et que je n'ai point péché contre toi. Et toi, tu me dresses des embûches, pour m'ôter la vie !

1 Samuel 24 : 12

3. Les fils ont des difficultés à honorer leur père parce que leur cœur S'EN EST DETOURNÉ.

Il ramènera le cœur des pères à leurs enfants Et le cœur des enfants à leurs pères, De peur que je ne vienne frapper le pays d'interdit.

Malachie 4 : 6

Arrive un moment où les fils ne s'intéressent pas à ce que fait leur père. Ce qui les intéresse, c'est exactement le contraire de ce que désire leur père. Une telle attitude entraîne une malédiction. On peut en citer de nombreux exemples.

Par exemple, si un père occupe la position de professeur à l'université, il se peut que son fils se dise en son fort intérieur : « Je ne veux pas devenir professeur d'université ». Si un père est politicien et que le cœur de son fils s'est détourné de lui, il se peut qu'en secret, le fils décide en grandissant de ne jamais se mêler de politique.

De la même manière, si un père est pasteur, il se peut que son fils déclare : « Je veux devenir avocat ou astronaute, mais pas pasteur ». Ceci se produit lorsque le cœur des enfants s'est détourné de leur père.

Il faut prier pour que le cœur de votre enfant se tourne vers le père, c'est important. Lorsque le cœur des enfants se détourne du père, ils deviennent indépendants et rebelles.

La fille du pasteur

Un jour, je me trouvai en compagnie de la famille d'un pasteur, et je commençai à parler avec sa fille. Elle m'expliqua qu'elle étudiait en vue d'obtenir un diplôme de droit et elle avait l'intention de travailler dans une grande entreprise. À ce moment-là, son père occupait la fonction de pasteur auprès d'une grande église rassemblant des milliers de personnes, mais sa fille ne s'intéressait aucunement à ce qu'il faisait.

Quelques années plus tard, je revins dans cette ville, et cette même fille me servit de chauffeur. Cette fois, elle ne cessa de parler du ministère. Je me demandai ce qui était arrivé à son rêve de travailler dans le milieu juridique. Elle ne parlait plus du monde des grandes entreprises, mais uniquement de Dieu et de Ses œuvres.

Je lui dis alors : « Vous avez changé ! Je crois que votre vision de Dieu et du ministère ont été transformées » et je lui demandai de nouveau : « Avez-vous changé ? »

Elle répondit : « Oui, en effet. »

Je lui dis : « Je l'ai remarqué dès que nous avons commencé à discuter. La dernière fois que je vous ai vue, vous étiez très différente. »

Elle hocha la tête : « Oui, c'est vrai. »

Puis elle me confia : « J'ai toujours voulu rester à l'écart de la vie du ministère. Notre famille a tellement souffert à cause du ministère, et je n'ai jamais voulu en faire partie. Je ne comprends même pas pourquoi j'ai autant changé. »

Elle ajouta : « Mon intérêt nouveau pour le ministère m'effraie. Tout ce que je veux faire, c'est voyager avec mon père et l'assister dans son ministère. »

Mais je compris ce qui lui était arrivé. Dieu avait tourné le cœur de l'enfant vers le père afin de lui éviter une malédiction. Seul Dieu peut ainsi ramener un cœur, c'est une chose spirituelle. Il est important que les parents prient pour leurs enfants, sans quoi leur cœur se détournera du bien et de tout ce qu'ils leur conseillent.

Ramener le cœur du père

Parfois, c'est le père qui perd tout intérêt envers ses fils. Ceci se produit généralement lorsque le père a été blessé ou déçu par ses enfants. Cela entraîne une malédiction sur les enfants, car ils se trouvent alors privés de tout conseil paternel.

Un jour, un de mes pasteurs laïcs, qui avait quitté le pays pendant quelques années, revint chez lui. Avant de partir, il avait confié à un autre pasteur : « Je crois que l'évêque ne s'intéresse plus à certains de nous. J'ai l'impression que nous ne l'intéressons plus autant qu'avant. »

Je fus surpris qu'il le remarque aussi rapidement, parce qu'il avait raison. Je m'étais trouvé si désenchanté, si déçu par certains des pasteurs que je ne m'intéressais plus à eux. Je ne les convoquais plus aux réunions et je leur parlais peu. Je souriais simplement à tout le monde en disant « Vous êtes bénis ». Mais je n'entamais plus de conversations profondes et riches avec eux. Vous voyez, mon cœur s'était détourné de ces pasteurs.

Mais Dieu commença à ramener mon cœur vers eux. Il me fit prier pour eux et progressivement, je retrouvai mon amour et mon intérêt envers ces pasteurs. Je compris alors de manière intime ce qui se passait lorsque le cœur d'un père se détournait de ses enfants. C'est en vérité quelque chose de dangereux, qui provoque une malédiction. Priez pour que le cœur de votre père ne se détourne pas de vous.

4. Les fils ont des difficultés à honorer leur père parce qu'ils croient qu'un père doit gagner ce privilège en se montrant honorable.

Malheureusement, de nombreux fils et de nombreuses filles sont déçus par la vie de leur père et mère. Ils sont souvent déçus par le mariage que font leurs parents.

De nombreux fils pensent qu'ils feront mieux que leurs parents en matière d'argent, de relations et d'opportunités. Certains pensent même qu'ils élèveront leurs propres enfants mieux que leurs parents les aient élevés.

Il est vrai que la plupart des parents sont loin de correspondre au père idéal ou à la mère idéale. Tous les parents ne sont que l'ombre de ce qu'ils pourraient être. Ce sont des parents, mais avant tout, ce sont des êtres humains. Il est facile de critiquer les pères, car leur vie est exposée.

Il faut également reconnaître qu'un père « imparfait » peut engendrer un homme « parfait » et qu'un homme juste peut engendrer un méchant. Par exemple, les mères de Hitler et de Staline emmenaient leurs enfant à l'église. Hitler et Staline faisaient tous deux partie de la chorale de leur église.

Staline suivit même des cours d'instruction religieuse pendant un moment. Visiblement, les parents de ces meurtriers exterminateurs étaient chrétiens et fréquentaient l'église. Toutefois, il se trouve qu'ils ont engendré des hommes qui allaient causer la mort de millions de personnes.

Dieu sait que les parents d'un grand nombre de gens « bien » ne sont eux-mêmes pas des gens « bien ». Et pourtant, Il émit le commandement d'honorer père et mère. Ce passage pose problème à de nombreuses personnes qui excellent pourtant dans la vie et dans le ministère.

Les défauts manifestes des pères aux niveaux moral, financier et marital n'ont rien à voir avec l'honneur que Dieu nous ordonne de leur consacrer. Lorsque Dieu voudra punir les pères pour leurs torts dans les domaines financier, moral et marital, Il le fera. Cela n'a rien à voir avec le respect qu'un enfant doit à son père.

Souvenez-vous des paroles de Jésus : « Rendez donc à César les choses qui sont à César, et à Dieu ce qui est à Dieu. » Chaque père, quel qu'il soit, mérite l'honneur qui lui est dû selon le commandement de Dieu. Dieu ne perd rien lorsque César perçoit les tributs qui lui sont dus. C'est pour cela que Jésus encouragea les gens à payer le tribut.

Le royaume de Dieu ne perd rien lorsque les pères reçoivent l'honneur qui leur est dû. La morale, la sainteté et la justice du royaume de Dieu ne sont pas compromises lorsqu'un père est honoré.

Nombreux sont ceux qui font preuve d'un « excès de vertu » et se montrent intransigeants et intolérants au sujet des péchés que commettent leur père. Ils se servent des erreurs, des défauts et des péchés manifestes de leur père comme prétexte pour s'abstenir de les honorer comme il se doit.

Tout comme les Pharisiens, ils croient que les commandements de Dieu s'excluent mutuellement, et que si on en respecte un, un autre doit en pâtir. En d'autres termes, on ne peut pas à la fois observer ces critères moraux et honorer son père si celui-ci a commis des péchés.

Si seuls les pères parfaits devaient être honorés, alors le cinquième commandement n'aurait pas existé (Honore ton père [...]), parce qu'en ce monde, le père parfait n'existe pas !

5. Les fils ont des difficultés à honorer leur père parce qu'ils réinterprètent le cinquième commandement.

En réfléchissant sur le cinquième commandement, vous découvrirez qu'il ne décrit pas le type de père ou de mère que vous devez honorer. Il indique simplement que vous devez honorer père et mère. Si on extrapole à partir des Ecritures, il est impossible d'y obéir. Voici quelques exemples de réinterprétation du cinquième commandement :

a. Les fils ont des difficultés à honorer leur père parce qu'ils croient que les Ecritures disent : « Honore *ton père qui est parfait*, afin que tes jours soient prolongés sur la terre que le Seigneur ton Dieu te donne. »

Mais ce que dit la Bible, c'est en réalité : « Honore ton père et ta mère, afin que tes jours soient prolongés sur la terre que le Seigneur ton Dieu te donne. »

b. Les fils ont des difficultés à honorer leur père parce qu'ils croient que les Écritures disent : « Honore *ton père qui est riche*, afin que tes jours soient prolongés sur la terre que le Seigneur ton Dieu te donne. »

Mais ce que dit la Bible, c'est en réalité : « Honore ton père et ta mère, afin que tes jours soient prolongés sur la terre que le Seigneur ton Dieu te donne. »

c. Les fils ont des difficultés à honorer leur père parce qu'ils croient que les Écritures disent : « Honore *ton père qui fut un bon époux pour ta mère*, afin que tes jours soient prolongés sur la terre que le Seigneur ton Dieu te donne. »

Mais ce que dit la Bible, c'est en réalité : « Honore ton père et ta mère, afin que tes jours soient prolongés sur la terre que le Seigneur ton Dieu te donne. »

d. Les fils ont des difficultés à honorer leur père parce qu'ils croient que les Écritures disent : « Honore *ton père qui paya tes frais de scolarité*, afin que tes jours soient prolongés sur la terre que le Seigneur ton Dieu te donne. »

Mais ce que dit la Bible, c'est en réalité : « Honore ton père et ta mère, afin que tes jours soient prolongés sur la terre que le Seigneur ton Dieu te donne. »

e. Les fils ont des difficultés à honorer leur père parce qu'ils croient que les Écritures disent : « Honore *ton père qui n'a pas divorcé de ta mère*, afin que tes jours soient prolongés sur la terre que le Seigneur ton Dieu te donne. »

Mais ce que dit la Bible, c'est en réalité : « Honore ton père et ta mère, afin que tes jours soient prolongés sur la terre que le Seigneur ton Dieu te donne. »

f. Les fils ont des difficultés à honorer leur père parce qu'ils croient que les Écritures disent : « Honore *ton père qui n'a épousé qu'une seule femme*, afin que tes jours soient prolongés sur la terre que le Seigneur ton Dieu te donne. »

Mais ce que dit la Bible, c'est en réalité : « Honore ton père et ta mère, afin que tes jours soient prolongés sur la terre que le Seigneur ton Dieu te donne. »

g. Les fils ont des difficultés à honorer leur père parce qu'ils croient que les Écritures disent : « Honore *ton père qui n'a eu d'enfants qu'avec une seule femme*, afin que tes jours soient prolongés sur la terre que le Seigneur ton Dieu te donne. »

Mais ce que dit la Bible, c'est en réalité : « Honore ton père et ta mère, afin que tes jours soient prolongés sur la terre que le Seigneur ton Dieu te donne. »

h. Les fils ont des difficultés à honorer leur père parce qu'ils croient que les Écritures disent : « Honore *ton père qui n'est pas tombé dans le péché*, afin que tes jours soient prolongés sur la terre que le Seigneur ton Dieu te donne. »

Mais ce que dit la Bible, c'est en réalité : « Honore ton père et ta mère, afin que tes jours soient prolongés sur la terre que le Seigneur ton Dieu te donne. »

i. Les fils ont des difficultés à honorer leur père parce qu'ils croient que les Écritures disent : « Honore *ton père qui est toujours resté à la maison*, afin que tes jours soient prolongés sur la terre que le Seigneur ton Dieu te donne. »

Mais ce que dit la Bible, c'est en réalité : « Honore ton père et ta mère, afin que tes jours soient prolongés sur la terre que le Seigneur ton Dieu te donne. »

j. Les fils ont des difficultés à honorer leur père parce qu'ils croient que les Écritures disent : « Honore *ton père qui a construit une maison pour sa famille*, afin que tes jours soient prolongés sur la terre que le Seigneur ton Dieu te donne. »

Mais ce que dit la Bible, c'est en réalité : « Honore ton père et ta mère, afin que tes jours soient prolongés sur la terre que le Seigneur ton Dieu te donne. »

k. Les fils ont des difficultés à honorer leur père parce qu'ils croient que les Écritures disent : « Honore *ton père qui t'a légué un héritage*, afin que tes jours soient prolongés sur la terre que le Seigneur ton Dieu te donne. »

Mais ce que dit la Bible, c'est en réalité : « Honore ton père et ta mère, afin que tes jours soient prolongés sur la terre que le Seigneur ton Dieu te donne. »

l.   Les fils ont des difficultés à honorer leur père parce qu'ils croient que les Écritures disent : « Honore *ton père qui a bien traité tous ses enfants*, afin que tes jours soient prolongés sur la terre que le Seigneur ton Dieu te donne. »

Mais ce que dit la Bible, c'est en réalité : « Honore ton père et ta mère, afin que tes jours soient prolongés sur la terre que le Seigneur ton Dieu te donne. »

m.   Les fils ont des difficultés à honorer leur père parce qu'ils croient que les Écritures disent : « Honore *ton père qui n'a aucune faiblesse*, afin que tes jours soient prolongés sur la terre que le Seigneur ton Dieu te donne. »

Mais ce que dit la Bible, c'est en réalité : « Honore ton père et ta mère, afin que tes jours soient prolongés sur la terre que le Seigneur ton Dieu te donne. »

n.   Les fils ont des difficultés à honorer leur père parce qu'ils croient que les Écritures disent : « Honore *ton père qui a beaucoup d'argent*, afin que tes jours soient prolongés sur la terre que le Seigneur ton Dieu te donne. »

Mais ce que dit la Bible, c'est en réalité : « Honore ton père et ta mère, afin que tes jours soient prolongés sur la terre que le Seigneur ton Dieu te donne. »

o.   Les fils ont des difficultés à honorer leur père parce qu'ils croient que les Écritures disent : « Honore *ton père qui a accompli beaucoup de choses au cours de sa vie*, afin que tes jours soient prolongés sur la terre que le Seigneur ton Dieu te donne. »

Mais ce que dit la Bible, c'est en réalité : « Honore ton père et ta mère, afin que tes jours soient prolongés sur la terre que le Seigneur ton Dieu te donne. »

p.   Les fils ont des difficultés à honorer leur père parce qu'ils croient que les Écritures disent : « Honore *ton père qui fut un grand homme*, afin que tes jours soient prolongés sur la terre que le Seigneur ton Dieu te donne. »

Mais ce que dit la Bible, c'est en réalité : « Honore ton père et ta mère, afin que tes jours soient prolongés sur la terre que le Seigneur ton Dieu te donne. »

q. Les fils ont des difficultés à honorer leur père parce qu'ils croient que les Écritures disent : « Honore *ton père qui joua un grand rôle dans ta vie*, afin que tes jours soient prolongés sur la terre que le Seigneur ton Dieu te donne. »

Mais ce que dit la Bible, c'est en réalité : « Honore ton père et ta mère, afin que tes jours soient prolongés sur la terre que le Seigneur ton Dieu te donne. »

r. Les fils ont des difficultés à honorer leur père parce qu'ils croient que les Écritures disent : « Honore *ton père qui t'accepta comme son fils*, afin que tes jours soient prolongés sur la terre que le Seigneur ton Dieu te donne. »

Mais ce que dit la Bible, c'est en réalité : « Honore ton père et ta mère, afin que tes jours soient prolongés sur la terre que le Seigneur ton Dieu te donne. »

s. Les fils ont des difficultés à honorer leur père parce qu'ils croient que les Écritures disent : « Honore *ton père avec qui tu as vécu*, afin que tes jours soient prolongés sur la terre que le Seigneur ton Dieu te donne. »

Mais ce que dit la Bible, c'est en réalité : « Honore ton père et ta mère, afin que tes jours soient prolongés sur la terre que le Seigneur ton Dieu te donne. »

t. Les fils ont des difficultés à honorer leur père parce qu'ils croient que les Écritures disent : « Honore *ton père qui n'a jamais élevé la voix contre toi et ne t'a jamais réprimandé*, afin que tes jours soient prolongés sur la terre que le Seigneur ton Dieu te donne. »

Mais ce que dit la Bible, c'est en réalité : « Honore ton père et ta mère, afin que tes jours soient prolongés sur la terre que le Seigneur ton Dieu te donne. »

u. Les fils ont des difficultés à honorer leur père parce qu'ils croient que les Écritures disent : « Honore *ton père qui te donna beaucoup d'argent*, afin que tes jours soient prolongés sur la terre que le Seigneur ton Dieu te donne. »

Mais ce que dit la Bible, c'est en réalité : « Honore ton père et ta mère, afin que tes jours soient prolongés sur la terre que le Seigneur ton Dieu te donne. »

v. Les fils ont des difficultés à honorer leur père parce qu'ils croient que les Écritures disent : « Honore *ton père qui fut un chrétien né de nouveau*, afin que tes jours soient prolongés sur la terre que le Seigneur ton Dieu te donne. »

Mais ce que dit la Bible, c'est en réalité : « Honore ton père et ta mère, afin que tes jours soient prolongés sur la terre que le Seigneur ton Dieu te donne. »

w. Les fils ont des difficultés à honorer leur père parce qu'ils croient que les Écritures disent : « Honore *ton père qui ne fut pas illettré*, afin que tes jours soient prolongés sur la terre que le Seigneur ton Dieu te donne. »

Mais ce que dit la Bible, c'est en réalité : « Honore ton père et ta mère, afin que tes jours soient prolongés sur la terre que le Seigneur ton Dieu te donne. »

x. Les fils ont des difficultés à honorer leur père parce qu'ils croient que les Écritures disent : « Honore *ton père qui n'était pas versé dans l'occultisme*, afin que tes jours soient prolongés sur la terre que le Seigneur ton Dieu te donne. »

Mais ce que dit la Bible, c'est en réalité : « Honore ton père et ta mère, afin que tes jours soient prolongés sur la terre que le Seigneur ton Dieu te donne. »

En effet, honorer son père et avoir un rapport avec son père est un véritable exercice spirituel. L'homme du commun ne se rend peut-être pas compte qu'il s'agit de l'un des plus grands principes bibliques de la Parole de Dieu. Ce cinquième commandement cause la grandeur et la chute de l'humanité.

Ce cinquième commandement cause l'ascension et la chute de ministères entiers.

Puissiez-vous ne pas avoir de doute sur l'idée d'honorer les pères !

Puissiez-vous être un bon fils afin de devenir un jour un bon père !

Puissiez-vous honorer les autres afin qu'un jour vous soyez vous aussi honoré !